떠내려가지 마라
고성준
규장

저자 일러두기

이 책의 참고도서를 일일이 밝히지는 않았으나 자료로 제임스 사이어, 《기독교 세계관과 현대사상》(IVP), 프란시스 쉐퍼, 《이성에서의 도피》(생명의말씀사), 낸시 피어시, 《완전한 진리》(복있는 사람), 정소영&이연임 《고전이 알려주는 생각의 기원》(도서출판 렉스)이 있으며, 특히 《고전이 알려주는 생각의 기원》은 본서에서 언급한 5가지 현대 사조의 흐름을 정리하는 데 도움을 받았기에 여기에 밝힙니다.

떠내려가지 마라

프롤로그

당연하고도 이상한 일들

'당연하지!'

그런데 곰곰이 생각해보니 '이상한데?'라는 생각을 해본 적이 있는가? 이 책은 그런 당연하고도 이상한 일들 그리고 우리 사회 속에 엄연히 존재하기 때문에 당연하게 생각되지만, 문득 발걸음을 멈추고 생각해보면 오싹하다 싶을 이상한 현상에 대한 이야기다.

당연하다고 생각했는데, 돌아보니 이상한 이 현상들은 왜 일어나는 것이고, 크리스천은 그것을 어떻게 이해하고 해석해야 할까? 그런 현상들을 기독교적인 관점에서 이해하고 해석하는 데 이 책이 많은 도움을 줄 것이다.

특히 소그룹 성경공부나 수업에 사용할 수 있도록 단원마다 토론 제목을 첨부했는데 교육에 도움이 되었으면 좋겠다. 교육이라고 했지만, 특별히 청소년들만을 독자로 상정하고 쓰지는 않았다. 크리스천이라면 누구나 알아야 하는 '시대의 사조들'이라 믿기 때문이다. 즉 이 책은 예수의 진리에 도전하는 '시대의 도전자들'에 대한 이야기다.

어느 날 수능을 마친 학생이 찾아왔다. 시험을 망쳐서 죽고 싶다는 것이다. "중요한 시험을 망쳤으니 힘들겠다. 죽고 싶은 마음이 드는 것도 당연하지…." 공감을 하다보니 문득 이상하다는 생각이 들었다. '왜 시험을 망치면 죽고 싶어지지? 수학과 영어를 잘해야만 살 가치가 있고, 수학을 못 하면 세상에 존재할 가치가 사라지나?'

하나님께서 우리를 창조하신 목적이 수학 시험을 잘 보기 위한 것은 아니지 않을까? 하나님이 우리를 창조하시면서 경쟁에서 이겨야만 존재할 가치가 있다고 말씀하신 적이 없지 않은가? 그러고보니 시험을 망쳐서 죽고 싶다는 학생의 생각이 당연하다 싶으면서도 이상하게 여겨졌다. 이런 '당연하고도 이상한 현상'들은 어디서부터 오는 것일까?

각 시대의 도전자들

한 사회 구성원들이 당연하다고 생각하는 것들의 종합을 '문화'라고 부른다. 모든 시대, 모든 사회에는 그 사회의 문화를 구성하는 사조들이 있다. 17-18세기를 지배했던 사조를 계몽주의라 부르는데, 계몽주의는 과학으로 입증할 수 있는 합리적인 것만을 진리로 받아들이는 문화를 만들었다. 반면 2차 세계대전이 끝나고 난 후 세계를 뒤덮었던 '허무주의'는 합리성에 대한 회의와 더불어 모든 것을 무의미하게 느끼는 낙심의 문화를 만들었다.

이러한 사조 또는 문화가 '당연한데 이상한 현상'을 만들어내는 주범이다. 그 문화 속에서 보면 당연하게 느껴지는 것들이 그 문화에서 한 발짝 벗어나서 보면 '이해하기 어려운 이상한 일'로 보이는 것이다.

왜 시험을 망치면 죽고 싶을까? 그것은 우리 사회의 문화가 '진화론'이라는 사조에 기초해 있기 때문이다. 세상이 요구하는 조건에 잘 부합되는 존재는 살아남고, 그렇지 못한 존재는 도태되어 사라지는 것이 자연의 섭리라는 진화론의 '자연선택과 적자생존'이 우리 사고의 깊은 곳을 지배하고 있는 것이다. 그것이 마치 절대적인 진리라도 되는 것처럼 말이다.

진화론에 기초한 문화에서는 쓸모없는 존재로 느껴지면, 그것은 존재할 가치가 없다는 의미로 받아들여지게 된다. 그것이 당연하다고 느끼지만, 진화론적인 사조에서 벗어나 생각해보면 이상한 현상이다. 진화론 이전의 농경사회에서는 1등을 못 한다고 자살한 사람이 아무도 없었다.

사조와 문화는 항상 자신만이 '진리'라고 주장한다. 그리고 대부분의 사람들은 그것이 왜 당연한지 묻지 않는다. 문화란 당연하다고 생각되는 것들의 총합이기 때문이다. 이렇듯 각 시대에는 스스로를 진리라고 주장하는 것들이 있다. 참 진리 되신 예수 그리스도에게 도전하는 '예수의 도전자들'이다. 초대교회 영지주의부터, 이슬람, 진화론 그리고 현대의 사조들에 이르기까지 "내가 진리야"라고 주장하는 각 시대의 도전자들이 있다.

객관적 사실 아닌 감정이 사실이 된 세상

현대 사회가 혼란과 불안을 특징으로 삼는 것은 현대 사회를 휘감아 흐르는 진리의 도전자들 때문이다. 한 예로 현대 사회를 관통하여 흐르는 포스트모더니즘적인 사조는 무엇이 진리인지를 헷갈리게 하는 것을 넘어서 무엇이 사실인지조차 혼미하게 만든다. 어느 순간부터 무엇이 사실이고 무엇이 사실이 아닌지를 구분하는 것이 어려워졌다. '객관적 사실'은 사라져버리고 '주관적 인식'만 존재하는 세상이 되어버린 듯하다.

부부싸움을 한 젊은 부부를 상담한 적이 있었다. 아내는 남편이 자신에게 폭력을 행사했다고 이야기하는데, 남편은 펄쩍뛰며 아내가 거짓말을 한단다. 자신은 아내 몸에 털끝 하나 손댄 적이 없단다. 나중에 더 깊이 상담해보니 아내의 말이 변한다. 때린 것과 진배없다는 것이다. 그리고 정말 남편이 자신을 때렸다고 100퍼센트 확신하고 있었다.

우리는 객관적 사실보다는 내가 느끼는 감정이 더 사실이 되어버린 이상한 세상을 살아가고 있다. 한 사건을 놓고 100명의 사람이 100개의 서로 다른 '사실'을 이야기한다. 각 사람의 이야기를 듣고 있노라면 마치 100개의 서로 다른 우주가 존재하는 듯한 착각에 빠지게 된다. 사실과 감정을 분리시켜버린 포스트모더니즘의 영향 때문이다.

게다가 진화론으로 대표되는 과학과 이성의 도전은 창조론을 '사실의 영역'에서 추방하여 '종교의 영역'에 가두어버렸다. 이들은 '창조'는 종교적 진리이고, '진화'는 과학적 진리라고 말한다. 교회에서는 창조론을, 세상에서는 진화론을 진리로 믿으며 살아가는 크리스천들은 두 개로 쪼개진 진리를 어떻게 소화해야 할지 모른 채 '분열된 인식'의 정신적 고통을 안고 살아간다.

하나님은 '하나의 세상'을 창조하셨다. 100명이 모이면 100개의 서로 다른 사실이 존재하는 세상이 아니라 100명이 모이든, 1억 명이 모이든 모두 동일하게 인식할 수 있는 '하나의 객관적 사실'이 존재하는 세상을 창조하셨다.

사건에 대한 '해석'은 사람마다 다를 수 있다. 그러나 사실 자체가 다를 수는 없다. 현대 사회가 맞이한 위기는 '해석의 다름'이 아니다. 인식하는 '사실 자체'가 다른, 사실의 충돌에 있다. 이건 답이 없다. 의견이 충돌할 때 그 충돌을 중재하는 것이 바로 '객관적 사실'인데, 이 객관적 사실조차 사라져버렸으니 이제 의견의 충돌을 중재할 수 있는 것은 아무것도 없다.

진리가 우리를 자유케 한다

동성애로 대표되는 젠더 이슈 역시 예수의 진리에 도전하는 강력한 도전자다. 성경은 동성애를 죄라고 말하는데, 현대 사회는 동성애를 죄라고 말하는 것을 차별이라 한다. 과연 동성애를 죄라고 말할 수 있는 종교적 '자유'와 '차별' 사이에 어느 것이 더 우선일까? 단순히 믿음만으로 해결하기에는 복잡한 도전들이 우리를 휘감아 흐르고 있다.

성경은 이런 현상을 '미혹'이라고 부른다. 무엇이 진실이며 무엇이 거짓인지를 구분할 수 없게 되는 것이 미혹이다. 미혹에 빠지면 거짓을 진실이라 믿고, 진실을 거짓이라 믿는다.

성경은 마지막 때 미혹과 유혹 그리고 환란이 있을 것이라 말한다. 미혹과 유혹 그리고 환란은 그 대처하는 방법이 각기 다르다. 환란은 믿음으로 싸워야 하지만, 미혹은 믿음으로 싸우면 안 된다. 미혹되었는데 그것에 믿음을 발휘하면 더 깊이 미혹되고 만다. 미혹과 싸우는 방법은 '분별력'이다. '분별력 있는 지식'이 필요하다. 이 책은 그 목적으로 쓰여졌다.

과연 이 시대에 우리를 미혹하는 것은 무엇일까? 깊게 살펴보고 연구해야 한다. 우리가 '당연하다'고 생각하지만, 사실은 '이상한 일들'이 무엇이고 그 뿌리가 무엇인지 알아야 한다. 성경에 기초한 크리스천의 삶은 이 '당연하고 이상한 것'을 벗어버리는 데서부터 시작된다. 진리가 우리를 자유케 할 것이다. 혼란으로부터, 그리고 불안으로부터!

[요 8:32] 진리를 알지니 진리가 너희를 자유롭게 하리라

고성준

contents

PART 1

미혹의 물결은

이미 우리를 휘감고 있다

01 시대의 도전자들

[히 1:4] 그가 천사보다 훨씬 뛰어남은 그들보다 더욱 아름다운 이름을 기업으로 얻으심이니

[히 1:13-14] 어느 때에 천사 중 누구에게 내가 네 원수로 네 발등상이 되게 하기까지 너는 내 우편에 앉아 있으라 하셨느냐 모든 천사들은 섬기는 영으로서 구원 받을 상속자들을 위하여 섬기라고 보내심이 아니냐

[히 2:1] 그러므로 우리는 들은 것에 더욱 유념함으로 우리가 흘러 떠내려가지 않도록 함이 마땅하니라

히브리서는 예수 그리스도의 탁월성을 이야기하면서 예수를 선지자, 천사 그리고 모세와 비교한다. 예수 그리스도는 선지자보다 우월하고 천사보다 뛰어나며 모세와도 비교할 수 없는 분이라는 것이다.

1. 시대를 휘감아 흐르는 물결들

히브리서 저자는 왜 예수를 굳이 이 세 가지와 비교했을까? 이것 말고도 비교할 것이 많지 않은가? 예수는 은보다 귀하고, 로마 황제보다 강하며, 헬라의 신들과도 비교할 수 없는 참 신이다. 그런데 왜 예수를 굳이 이 세 가지와 비교할까?

(1) 세계관의 흐름

그것은 이 세 가지가 초대교회 유대 사회에 존재했던 '예수의 도전자들'이었기 때문이다. 이 세 가지는 당시 유대 사회를 지배하고 있던 대표적인 사상과 가치 그리고 문화였다. 우리는 이를 당대의 세계관이라 부를 수 있다. 세계관은 그 사회가 믿고 있는 '신념'이며, 추구하는 '가치'의 총체이고, 사람들의 '행동'을 이끌어내는 힘이다. 히브리서가 예수와 비교하고 있는 이 세 가지는 초대교회 시기 유대 사회의 세계관을 구성하고 있던 중추적인 요소들이었다.

모든 시대, 모든 사회에는 사람들을 둘러싸고 있는 '사조' 또는 '세계관'이 있다. 생각의 흐름, 가치의 흐름, 욕망의 흐름이 있다. 예를 들어 현대 사회의 황금만능주의나 포스트모더니즘, 문화 막시즘 같은 것들이다.

이들의 세계관을 '흐름'이라고 묘사하는 이유는 거기에는 사람들을 특정한 방향으로 몰고 가는 힘이 있기 때문이다. 마치 강에 떠 있는 배가 노 젓기를 멈추면 강물이 흘러가는 방향으로 떠내려가듯이, 시대를 지배하는 사조에는 사람들의 생각과 행동을 특정 방향으로 흘러가게 하는 힘이 있다. 성경은 초대교회 성도들에게 이것을 조심하라고 경고한다.

> [히 2:1] 그러므로 우리는 들은 것에 더욱 유념함으로 우리가 흘러 떠내려가지 않도록 함이 마땅하니라

시대의 사조들은 우리도 모르는 사이에 우리를 흘러 떠내려가게 한다.

(2) 호수가 아니라 강물에 떠 있는 인생

네로 황제의 핍박과 유대 사회의 조롱에 지친 초대교회 성도들이 '믿음의 닻 줄'을 놓았을 때 무슨 일이 벌어졌을까? 진리를 향한 '노 젓기'를 멈췄을 때 이들은 시대를 휘감아 흐르던 세상 사조에 휩쓸려갔다.

우리 역시 다르지 않다. 어떤 이유에서든 우리가 '믿음의 닻 줄'을 놓을 때, 다시 말해 진리를 향한 노 젓기를 멈출 때, 우리는 우리 시대를 휘감아 흐르는 물결에 쓸려 떠내려가게 된다. '저기로 가야지!'라고 의식적으로 노력하지 않아도 가만히 있으면 휩쓸려간다. 우리 생각과 가치, 욕망과 행동을 특정

방향으로 흘러가게 하는 '흐름'이 있기 때문이다.

어떻게 하면 하나님으로부터 멀어질 수 있을까? 고민할 것 없다. 그냥 가만히 있으면 멀어진다. 애써 하나님을 부인하고 절에 가서 공양을 드리지 않아도 가만히만 있으면 멀어진다. 왜? 우리 인생은 '호수'가 아니라 '강물' 위에 떠 있기 때문이다.

우리가 사는 세상은 호수가 아니라 강물이다. 흐름이 있다. 그냥 가만히 있어도 하류 쪽으로 떠내려가는 흐름! 우리는 이 흐름 속에 살고 있다. 성경은 바로 이것을 경고한다. "흘러 떠내려가지 않도록 함이 마땅하니라!" 믿음의 여정에 '현상 유지'라는 것은 없다. 흐름을 거슬러 오르지 않으면 흐름을 따라 떠내려갈 뿐이다.

크리스천에게는 싸워야 할 '진리의 싸움'이 있다. 그것은 우리 시대를 휘감아 흐르는 사조들, 하나님을 대적하여 높아진 '시대의 도전자들'을 거슬러 올라가는 것이다. 힘껏 노 저어 거슬러 가야 한다. 시대의 흐름은 생각보다 거세다. 앞으로 가기 위해서는 죽을힘을 다해 노를 저어야 한다. 일상을 사는 것 이상의 엑스트라(extra, 추가로 더) 에너지가 투입되어야 한다. 넋 놓고 멍하니 있으면 순식간에 저만치 떠내려가 있게 된다.

목회하며 발견한 것인데, 사람들이 영적 침체에 빠지게 되는 원인은 생각보다 단순하다. 큰 죄를 짓거나 점을 치러 가서가 아니라 그냥 멍하니 넋 놓고 있다가 영적 침체에 빠져든다는 것이다. 그것만으로도 충분하다. 떠내려가는 것은 순식간이다. 성경은 우리에게 흘러 떠내려가지 않도록 조심하라고 경고한다.

(3) 시대의 흐름은 거세고 교묘하다

그렇다면 우리를 떠내려가게 하는 우리 시대의 '흐름'은 무엇일까? 먼저 기억할 것은 이 흐름이 너무 깊고 자연스러워서 인식하지 못하는 경우가 많다는 점이다. 주의 깊게 살펴보지 않으면 인식하는 것이 쉽지 않다. 흘러 떠내려가는 배 안에 있는 사람에게는 마치 배가 정지해 있는 것처럼 느껴지듯이 말이다.

우리도 그렇다. 떠내려가면서도 떠내려가는 것을 모른다. 주의 깊게 살펴야 비로소 '아! 우리가 지금 떠내려가고 있구나!' 하고 깨닫게 된다. '아까는 저 바위가 요기 있었는데, 지금은 저 멀리 보이네! 아, 떠내려왔구나!' 주의 깊게 보아야 비로소 보인다.

또 강물을 거스르려 사력을 다하지 않으면, 그냥 물결대로 흘러 떠내려간다. 떠내려가지 않으려고 발버둥을 쳐야 그 자리에 멈춰 있을 수라도 있다. 넋 놓고 있으면 어느 순간 저만치 떠내려가 있는 자신을 발견하게 된다. 앞으로 가려면 죽을 힘을 다해야 한다.

세상의 흐름도 그렇다. 떠내려가지 않으려고 발버둥을 쳐야 흘러 떠내려가지 않을 수 있다. 넋 줄을 놓고 있으면 언제 떠내려갔는지도 모르는 사이에 저만치 밀려가 있게 된다. 이것이 우리가 매일매일 겪는 삶의 현실이다. 일부러 '신앙의 침체로 들어가야지!' 작심하고 신앙의 침체를 겪는 사람이 있을까? 없다. 아무도 없다. 어찌어찌하다보니, 특별히 뭐 사고 친 것도 없는 것 같은데, 정신 차려보니 영적 침체에 빠져 있다. 이것이 우리 삶의 현실이다. 특히 우리 시대의 흐름은 이전과는 비교할 수 없이 빠르고 거세다. 마지막 때가 가까이 올수록 더욱 그럴 것이다. 죽을힘을 다해 앞으로 나아가지 않는 사람은 저 뒤로 흘러 떠내려갈 것이다.

우리 삶을 휘감아 흐르는 이 시대의 흐름이 무엇인지 주의 깊게 살펴보라. 시간을 내서 연구하고 들여다보아야 한다. 그리고 그것을 거스르기 위해 힘써 노를 저으라!

2. 우리 시대 예수의 도전자들

그렇다면 현대 사회에서 우리 삶을 감싸 흐르고 있는 구체적인 흐름으로 어떤 것을 들 수 있을까? 우리 시대에, 진리에 도전하는 진리의 도전자들, 시대의 도전자들은 무엇일까? 물론 이 외에도 다양한 흐름들이 존재하겠으나 대표적으로 다음 다섯 가지를 꼽을 수 있다.

(1) 황금만능주의

첫째는 자본주의, 황금만능주의다. 아마 이것이야말로 우리 시대를 지배하는 가장 강력한 흐름일 것이다. 정치도, 문화도, 명예도 모두 '돈'을 중심으로 흘러간다. 이런저런 말로 멋지게 포장하지만 결국 따지고 보면 돈이다. 의지적으로 노력하지 않아도 우리 마음과 눈은 자동으로 돈 되는 곳을 향한다. 우리 눈에는 돈을 따라 움직이는 오토 트래킹(auto-tracking) 기능이 있다.

(2) 진화론

둘째는 진화론이다. 진화론의 영향은 생각보다 깊고 광범위하다. 자세한 내용은 5장에서 다루겠지만, 대충만 살펴봐도 그 흐름은 크고 거세다.

진화론은 먼저 종교적 진리와 과학적 진리를 분리함으로써 진리에 대해 이원론적 생각을 가지게 했다. 이뿐 아니라 약육강식의 진화 방법론이 사람들의 사고에 자연스레 자리를 잡으며 약자들이 설 자리가 없어졌다. 쓸모없는 인간은 결국 사라져야 할 인간이 된 것이다. 백인 우월주의나 유럽 열강의 제국주의적 식민지 정복을 인류의 사회적 진보라고 정당화한 것 역시 진화론적 사고의 결과다.

진화론적 사고에 따르면 경쟁에서 승리하지 못한 사람은 도태되어야 할 대상이다. 더욱이 진화론은 인간을 무질서와 우연의 결과로 치부함으로써 인간 존재의 뿌리를 자르고, 인간 존엄의 근거를 지워버렸다. 인간은 창조주를 잃고 고아가 되었다. 진화론은 인간 소외를 낳았다.

(3) 인본주의

셋째는 인본주의다. 인본주의의 기저에는 인간이 우주의 중심이라는 생각, 인간의 선함에 대한 막연한 기대가 자리하고 있다. 억압된 인간의 본능적 욕구를 충족시키는 것이 '해답'이라는 프로이트(Sigmund Freud)의 사상 역시 이러한 인간 중심의 사조에서 흘러나왔다. 그리고 프로이트의 사상으로 인해 사명이나 당위성보다 욕구 충족을 우선시하는 흐름이 만들어졌다. 인간이 우주의 중심이라 믿으니까 다른 것은 다 필요 없고, 내가 원하는 욕구를 충족하는 것이 '선'이라고 믿는다. 그것을 막는 것은 모두 억압이고 불의이며, '진리'는 나의 욕구를 제한 없이 충족하는 것이다. 과연 이것이 인류 공동체에 어떤 결과를 가져왔을까?

(4) 포스트모더니즘

넷째는 포스트모더니즘이다. 모더니즘을 거부하며 시작된 포스트모더니즘의 모토는 이성에 대한 반발, 권위에 대한 부정이다. 그 결과 팩트(fact), 사실은 중요하지 않게 되었고, 그 자리를 '감정'이 대체하게 되었다. 어떤 것이 사실인지 아닌지는 중요하지 않다. 중요한 것은 내가 어떻게 느끼느냐 하는 것이다.

이들은 자유를 제한하던 권위와 질서가 제거되면 인간이 자유로운 존재가 될 것이라 믿었지만, 결과는 반대였다. 사라진 권위의 자리를 메운 것은 '자유'가 아니라 '눈치'였다. 권위와 질서가 있어서 '해야 할 일'과 '하지 말아야 할 일'이 분명할 때 그 질서 속에서 인간은 안도할 수 있었다. 해야 할 일을 하고, 하지 말아야 할 일을 하지 않으면 안전하니까 말이다.

그러나 권위와 질서가 사라지자 어떻게 되었을까? 어떤 일을 해도 되는지, 안 되는지를 자유롭게 결정할 수 있게 된 것이 아니라 오히려 다른 사람의 눈치를 보게 되었다. 내 감정이 중요한 만큼, 다른 사람의 감정도 중요하기 때문이다. 내 선택이 저 사람의 감정에 어떤 영향을 줄지 두려워진 것이다. '눈치 사회'가 되어버렸다. 맞는 것도 없고, 틀린 것도 없다. 그냥 그때그때 주위의 눈치를 봐가며 선과 악을 결정한다.

당연히 불안하다. 나의 평강이 타인의 감정에 의존하게 되었기 때문이다. 권위와 질서의 붕괴는 자유가 아니라 혼란과 불안을 가져왔다.

(5) 문화 막시즘

마지막 다섯 번째는 문화 막시즘이다. 이는 현대 사회를 가장 강력하게 휘몰아가는 새로운 물결이다. 한국과 미국에서는 더욱 그렇다. 변증법적 사회변혁에 뿌리를 둔 문화 막시즘의 기초는 '갈라치기'와 '분노'이다. 사회변혁을 위해서는 분노를 쏟아놓을 '공공의 적'이 반드시 필요하다고 믿는다. 없다면 하나 만들어야 한다. 왜? 사회를 변화시키는 진정한 에너지는 '분노'라고 믿기 때문이다. 그래서 문화 막시즘은 끊임없이 사회를 갈라치기 한다. 공공의 적이 필요하기 때문이다.

전통적 막시즘에서 부르주아 자본가가 공공의 적이었다면 미국에서는 백인, 동성애에서는 기독교 그리고 페미니즘에서는 남성이 공공의 적이 된다. '소수', '약자'의 인권이라는 이름으로 끊임없이 분노를 부채질하고 선동한다. 그래야만 사회변혁이 일어나기 때문이다.

선전과 선동은 문화 막시즘의 절대적 방법이다. 더욱 큰 문제는 이들이 목적을 위해서는 '방법의 옳고 그름'에 개의치 않는다는 것이다. 목적이 모든 방법을 정당화한다. 선동과 선전의 내용이 진리에 기초한 것이든, 거짓이든 상관없다. 분노의

에너지를 만들어 사회를 변혁하고 공공의 적을 타도하여 끌어내릴 수 있다면, 그 선전과 선동은 '선'한 것이라 믿는다. 그런 면에서 문화 막시즘은 성경적 진리와 가장 대척점에 있다고 할 수 있다. 성경은 마귀를 거짓의 아비라고 했다.

문화 막시즘의 결과, 사회에는 '분노의 흐름'이 만들어진다. 그리고 그들의 결국은 예외 없이 '피'다. 그들은 이것을 '혁명'이라고 부른다. 문화 막시즘은 생명이 아닌 죽음, 평화가 아닌 혁명의 흐름을 낳는다. 구원이 아니라 파멸을 가져온다.

다른 흐름들도 마찬가지지만 문화 막시즘의 위험성은 더욱 심각하다. 이것을 깨닫고 나면 감정에 의해 급하게 움직이는 것이 얼마나 위험한 일인지가 보인다. 자칫 잘못하면 거짓의 아비에게 휘둘릴 수 있기 때문이다. 더욱 차분하게, 팩트에 기초해서, 성경적 관점으로 세상을 바라보아야 한다.

특히 '부정적인 주장들'에 대해서 분별력을 가져야 한다. "이것이 진리입니다"가 아니라 "저 사람은 틀렸습니다"라는 주장 말이다. 문화 막시즘의 갈라치기는 여기서부터 시작된다. 그런 면에서 오늘날 만연하는 '프레임 씌우기'는 문화 막시즘이 연출하는 사회현상으로 이해할 수 있다.

3. 어떻게 흘러 떠내려가지 않을 수 있나?

우리는 시대를 휘감아 흐르는 대표적인 다섯 흐름의 강물 속에서 살아간다. 그렇기 때문에 '아차' 하는 순간 쓸려 떠내려간다. 성경은 이것을 경고한다. 그렇다면 어떻게 흘러 떠내려가지 않을 수 있을까?

(1) 말씀에 더욱 유념하라

첫째, 말씀에 더욱 유념해야 한다.

[히 2:1] 그러므로 우리는 들은 것에 더욱 유념함으로 우리가 흘러 떠내려가지 않도록 함이 마땅하니라

성경은 들은 것에 더욱 유념함으로 흘러 떠내려가지 않게 하라고 권한다. 하나님의 말씀에 더욱 유념하라는 것이다. '유념하다'는 헬라어로 '프로세코'(προσέχω)인데, 이는 "마음을 두다, 주목하다, 전념하다, 몰두하다, 따르다, 지지하다, 조심하다, 종사하다"라는 뜻이다. 즉 들은 복음, 성경 말씀에 더욱 몰두하고 전념하여 그것을 따르며 항상 거기에 마음을 두라는 것이다.

그렇다. 세상의 흐름에 흘러 떠내려가지 않기 위해서는 우리가 믿는 바 진리에 의지적인 엑스트라 에너지를 투입해야 한

다. 흘러가는 강물 속에서 부지런히 발짓이라도 해야 그 자리에 머물 수라도 있는 것과 같은 이치다. 우리의 믿음은 강물을 역행하는 것이기에 엑스트라 에너지를 요구한다.

그러므로 거룩한 루틴을 만들라. 주기적으로 하나님의 말씀을 마음에 둘 수 있도록 말이다. 주일예배나 소그룹 모임도 우리 마음을 흘러 떠내려가지 않게 하는 일종의 루틴이다. 오늘날 세속의 흐름, 예수의 도전자들의 흐름은 너무 거세서 일주일에 한 번 '유념, 프로세코' 하는 것으로는 견디기 어렵다. 매일 수시로 프로세코 하는 '리마인드 루틴'이 필요하다.

다니엘의 시대도 비슷했다. 물살이 거센 시대였다. 금 신상에게 절할 것을 강요했고, 기도를 금했다. 이에 대한 다니엘의 대처법이 무엇이었나? 그것은 하루 3번씩 기도하는 '루틴'이었다. 다니엘은 이 루틴을 10대부터 시작해서 90이 넘을 때까지, 이 땅에서의 시간을 마칠 때까지 계속했다. 눈이 오나 비가 오나, 사자 굴에 들어가도 멈추지 않았다.

'킵고잉'(Keep going), 멈추지 말고 끝까지 가라! 거룩한 루틴을 킵고잉 할 때 우리는 믿음의 여정을 계속할 수 있다. 믿음의 여정이라는 추상적인 여정은 기도의 시간을 정하고, 성경을 읽기표를 따라 읽으며, 정기적으로 모임에 참여하는 구체적인 '루틴'으로 실체화된다. 여정을 지속한다는 것은 이 거룩한 루틴을 지속하는 것이다. 그래서 히브리서는 모이기를 폐하는 어떤 사람들의 습관과 같이 하지 말라고 권한다. 모이는 루틴이 우리를 킵고잉 하도록 하기 때문이다.

(2) 올바른 분별력

둘째, 올바른 분별력을 가져야 한다. 하나님이 일하시는 역사를 '영적인 눈'으로 주목하여 보라. 뉴스를 볼 때도, 사람들의 말과 행동을 볼 때도, '저것은 어떤 뿌리에서 나온 거지?'라고 물어야 한다. 드러나는 사건을 보고 판단하지 말라. 그 근원에 있는 세계관을 분별하고, 그것을 성경적 관점에서 비판하고 이해하라.

육신의 눈이 아닌 영적인 눈으로 세상을 바라보라. "세상에 하나님이 어디 있습니까?"라는 질문에 "세상에 하나님이 어디 없습니까?"라고 대답하셨다는 어느 선교사님처럼 바라보는 관점에 따라 우리는 다른 것을 보게 된다. 이 '바라보는 관점'이 바로 '세계관'이다.

우리 주위를 휘감아 흘러가고 있는 세계관들에 대한 면밀하고 깊이 있는 이해가 반드시 필요하다. 그래야 어느 방향으로 발짓을 해야 할지 알 수 있다. 우리 시대를 사로잡고 있는 흐름들에 대한 이해가 필요하다. 단순한 지식으로서의 이해가 아니라 영적인 관점에서 바라볼 수 있는 능력이 절실히 필요하다. 영적인 관점으로 세상을 바라볼 수 있는 능력을 키우라.

그렇지 않으면 세상이 말하는 것에 휩쓸려갈 수밖에 없다.

결론

우리는 이 시대의 흐름을 거슬러야 한다. 깊은 이해와 통찰력을 구하라. 우리가 믿는 진리를 '그건 종교야!'라고 치부하려는 흐름에 저항하라. 우리가 믿는 진리는 그것이 종교든 과학이든 '사실'이어야 한다. 그렇지 않다면 그것은 진리가 아니다. 우리를 속이는 아편일 뿐이다. 또 인간의 욕구를 충족하는 것을 선이라 칭송하는 시대의 흐름을 따라 떠내려가지 말라. 우리는 마땅히 해야 할 것을 하는 존재지, 욕구 충족을 위해 사는 존재가 아니다.

권위와 질서 속에 거하라. 성경은 부모를 존경하라고 명한다. 권위가 무너질 때 우리는 해방이 아니라 눈치와 불안이라는 새로운 속박에 사로잡히게 된다. 그리고 무엇보다 분노를 조장하는 사회적 흐름에 저항하라. 크리스천은 '사랑의 사람'이지 '분노의 사람'이 아니다. 분노는 사회를 파괴할 뿐, 변혁하지 못한다. 선동과 선전에 속지 말라. 아차! 하는 순간 떠내려간다. 성령 안에서 늘 깨어 있기를 축복한다!

함께 생각해볼 질문들

이 질문들은 스스로 생각을 정리해보고, 소그룹으로 토론하는 데 도움을 주기 위해 만들어졌다. 소그룹 토론을 위해 사용한다면, 모든 질문을 다 소화하려고 하기보다는, 필요한 질문들을 몇 가지 뽑아서 나눠보기를 권한다.

⋮

1 당신은 '내 의지와는 무관하게 내 생각을 몰아가는 시대의 흐름, 세계관 같은 것'이 있다고 생각하는가? 아니면 '나는 이러한 세상의 흐름에서 벗어나 있는, 충분히 주체적인 존재'라고 생각하는가?

2 우리를 둘러싸고 있는 세상의 사조, 세계관은 '생각의 흐름', '가치의 흐름', '욕망의 흐름'이라는 세 가지 흐름으로 집약될 수 있다. 스스로의 내면을 돌아보며 당신에게는 어떤 생각, 어떤 가치 그리고 어떤 욕망의 흐름이 있는지 생각해보자. 특별히 당신에게 영향을 준 세상의 풍조, 사조가 있다면 나눠보자.

3 우리를 휘감아 흐르는 각종 세계관의 강물이 너무 거세어 그냥 가만히 있으면 하나님과 멀어질 수밖에 없다는 말에 대해 어떻게 생각하는가? 하나님을 대적하여 높아진 모든 세상의 풍조와 사조들이 결국 어느 방향으로 내달리고 있다고 생각하는가? 이 흐름에 쓸려 떠내려가지 않기 위해 따로 노력하는 것이 있다면 나눠보자.

4 프로이트적 인본주의에서 '선'이란 '내가 원하는 욕구를 충족하는 것'이며, 이를 막는 것은 모두 억압이고 불의다. 이 세계관에서 '진리'는 결국 '나의 욕구를 제한 없이 충족하는 것'이 되어버린다. 이처럼 인본주의에서는 '선'과 '진리'도 철저히 나를 기준으로 구성되는데, 자기 자신과 요즘 세태를 바라보며, 이러한 생각이 얼마나 우리의 삶에 깊숙이 스며들었는지 생각해보고 함께 나눠보자.

5 포스트모더니즘에서는 자유를 제한하던 권위와 질서가 제거되면 인간이 자유로운 존재가 되리라 생각했다. 하지만 정작 그 결과는 자유가 아닌, 혼란과 불안으로 점철된 '눈치 사회'였다. 이 표현을 좀 더 곰곰이 생각해보자. 당신은 평소 어떨 때 눈치를 보게 되는가? 명확한 기준이 있었으면 좋겠다고 생각했던 경험은 없었는가?

02 미혹

[딤전 4:1] 그러나 성령이 밝히 말씀하시기를 후일에 어떤 사람들이 믿음에서 떠나 미혹하는 영과 귀신의 가르침을 따르리라 하셨으니

이 시대는 황금만능주의, 진화론, 인본주의, 포스트모더니즘 그리고 문화 막시즘이라는 사조가 만들어내는 거대한 흐름 속에 있다. 그리고 이 흐름들은 따로따로 존재하는 것이 아니라 서로 얽히고설키면서 복잡한 흐름을 만들어낸다. 진화론이 주장한 유물론이 막시즘의 기초가 되고, 팩트가 뭐든 그건 모르겠고, 그것이 내게 주는 의미와 감정이 어떤지가 중요하다는 포스트모더니즘적인 생각은 문화 막시즘의 전략이 된다. 그리고 이런 흐름들은 결국 '돈'이라는 큰 흐름 아래 하나로 모인다. 이렇듯 우리는 짧게 잡아도 종교개혁 이후 500년 이상, 이 모든 흐름들이 얽히고설켜서 그 흐름이 무엇인지조차 모르고 휩쓸려가는 '미혹의 시대'를 살고 있다.

성경은 마지막 때가 가까울수록 미혹이 극심할 것이라 말

한다. 성경은 미혹에 대해 적어도 50번 이상 언급한다. 미혹의 특징들은 무엇인지 성경을 찾아보자.

1. 마지막 때 미혹이 있다

첫째, 성경은 세상에는 '미혹'이 있다고 말한다. 특히 마지막 때는 더욱 심할 것이다.

> [히 3:10] 그러므로 내가 이 세대에게 노하여 이르기를 그들이 항상 마음이 미혹되어 내 길을 알지 못하는도다 하였고

> [살후 2:3] 누가 어떻게 하여도 너희가 미혹되지 말라 먼저 배교하는 일이 있고 저 불법의 사람 곧 멸망의 아들이 나타나기 전에는 그 날이 이르지 아니하리니

모든 세대에는 미혹이 있다. 그리고 그 미혹은 마지막 때가 가까울수록 더욱 거세질 것이다. 그도 그럴 것이 마지막이 다가올수록 인간이 만든 흐름들이 하나둘씩 더해져 얽히고설킬 것이기 때문에 미혹은 더욱 복잡하고 거세진다. 우리는 과거와는 비교할 수 없이 복잡하고 거센 미혹의 시대를 살고 있으며, 미래에는 더할 것이다.

2. 무법한 자들의 미혹

둘째, 성경은 미혹을 '무법한 자들의 미혹'이라고 말한다.

[벧후 3:17] 그러므로 사랑하는 자들아 너희가 이것을 미리 알았은즉 무법한 자들의 미혹에 이끌려 너희가 굳센 데서 떨어질까 삼가라

'무법한'의 원어는 '아데스모스'(ἄθεσμος)인데, 이는 "법이 없다"는 뜻이다. 다시 말해 미혹은 법을 깨고 부정하는 것에서부터 온다. 대표적으로 포스트모더니즘과 문화 막시즘이 그렇다. 세상에는 창조주께서 정하신 피조 세계의 법이 있다. 이것이 창조의 질서인데, 미혹은 이 창조주의 법과 질서를 깨는 것에서 시작된다. 동성애가 무엇인가? 창조 질서를 부인한 '아데스모스'다. 진화론이 무엇인가? 창조주의 창조를 부인한 '아데스모스'다. 우리는 분별력을 가지고 이 시대의 현상들을 바라볼 필요가 있다.

3. 사람의 미혹

셋째, 성경은 '사람의 미혹'을 이야기한다.

[마 24:4] 예수께서 대답하여 이르시되 너희가 사람의 미혹을 받지 않도록 주의하라

[마 24:5] 많은 사람이 내 이름으로 와서 이르되 나는 그리스도라 하여 많은 사람을 미혹하리라

마태복음의 저자는 미혹에 대해 '사람의 미혹'이라는 흥미로운 표현을 사용한다. 미혹은 결국 '사람들의 생각'에서 흘러나온다. 참 진리 되신 하나님을 거부하는 사람이 만들어낸 사상과 생각들이 우리를 미혹한다. 진화론이 어디서부터 왔는가? 하나님이 세상을 창조하셨다는 진리를 부인한 사람의 생각이 만들어낸 미혹이다. 인본주의가 어디서부터 왔을까? 하나님이 세상의 주인이라는 진리를 부인한 사람들이 사람을 세상의 중심에 놓은 결과이다. 포스트모더니즘도 막시즘도 모두 사람의 생각, 하나님의 말씀을 떠난 사람의 생각이다. 성경은 사람의 미혹을 조심하라고 말한다. 모든 미혹은 사람의 생각에서 시작되기 때문이다.

또한 많은 사람들이 "나는 그리스도라"라고 하며 많은 사람들을 미혹한다고 한다. "이것이 성경적인 거야. 크리스천은 이래야 해!"라고 말한다는 의미이다. 그런데 사실은 이 역시 사람의 생각, 인본주의적인 생각이다. 크리스천들에게 이 시대

의 미혹은 '성경적'이라는 이름으로 다가온다. 미혹은 항상 좋아 보이는 것들을 통해 온다. 좋은 말, 그럴듯한 말, 정의로워 보이는 말, 인권, 평등, 정의, 이런 것들로 미혹한다. 생각해보라. 악하고 나쁜 것들에 미혹될 사람은 없다. 좋아 보이는 것들이 우리를 미혹한다.

4. 미혹의 영

넷째, 미혹은 '영'이다. 이 부분이 중요하다.

[딤전 4:1] 그러나 성령이 밝히 말씀하시기를 후일에 어떤 사람들이 믿음에서 떠나 미혹하는 영과 귀신의 가르침을 따르리라 하셨으니

[요일 4:6] 우리는 하나님께 속하였으니 하나님을 아는 자는 우리의 말을 듣고 하나님께 속하지 아니한 자는 우리의 말을 듣지 아니하나니 진리의 영과 미혹의 영을 이로써 아느니라

미혹은 '영'이다. 그래서 일단 미혹에 사로잡히면 대화가 통하지 않는다. 이성적으로 볼 수도, 들을 수도, 생각할 수도 없다. 조금만 떨어져서 바라보면 '아니, 어떻게 그렇게 말도 안

되는 것을 믿지?'라고 생각되는 상황인데, 미혹에 잡힌 사람은 그것을 철석같이 '진리'라고, '정의로운 것'이라고 믿는다. 그래서 미혹은 성령의 역사가 아니면 파쇄할 수 없다. 말로는 불가능하다. 기도 외에는 답이 없다.

5. 마귀의 미혹

다섯째, 미혹은 영일 뿐 아니라 더 구체적으로는 '마귀'의 역사이다.

[계 20:10] 또 그들을 미혹하는 마귀가 불과 유황 못에 던져지니 거기는 그 짐승과 거짓 선지자도 있어 세세토록 밤낮 괴로움을 받으리라

[벧전 5:8] 근신하라 깨어라 너희 대적 마귀가 우는 사자 같이 두루 다니며 삼킬 자를 찾나니

미혹하는 이는 '마귀'라는 것이다. 마귀는 우는 사자같이 두루 다니며 삼킬 자를 찾는다. 깨어 있지 않으면 아차 하는 순간 마귀에게 당한다. 그렇다면 이 마귀의 전략은 무엇일까? 성경은 마귀의 전략에 대해 이렇게 이야기한다.

[요 8:44] 너희는 너희 아비 마귀에게서 났으니 너희 아비의 욕심대로 너희도 행하고자 하느니라 그는 처음부터 살인한 자요 진리가 그 속에 없으므로 진리에 서지 못하고 거짓을 말할 때마다 제 것으로 말하나니 이는 그가 거짓말쟁이요 거짓의 아비가 되었음이라

그렇다. 마귀의 전략은 '거짓'이다. 원수 마귀는 거짓의 아비다. 거짓을 제 것으로 말하는 거짓말쟁이다. 마귀의 전략은 거짓, 즉 속이는 것이다. 이것이 미혹의 본질이다. 진리가 아닌데 진리인 것처럼 속인다. 진실이 아닌데 진실인 것처럼 속인다. 미혹이다. 마귀의 한결같고 변함없는 전략은 속이는 것, 즉 미혹이다. 마귀의 대표적인 세 가지 속성은 '교만', '미움' 그리고 '미혹'이다. 그리고 이 세 가지는 서로 얽혀 있다. 교만한 사람이 미혹을 당하고, 미혹을 당하면 분노와 미움이 역사한다. 마귀가 획책하는 것은 파괴와 고통, 분노와 죽음뿐이다. 미혹의 끝도 그렇다.

6. 분노와 전쟁

그래서 여섯 번째 특징이 이어진다.

[마 24:10] 그 때에 많은 사람이 실족하게 되어 서로 잡아 주고 서로 미워하겠으며

[마 24:11] 거짓 선지자가 많이 일어나 많은 사람을 미혹하겠으며

[마 24:12] 불법이 성하므로 많은 사람의 사랑이 식어지리라

[계 20:8] 나와서 땅의 사방 백성 곧 곡과 마곡을 미혹하고 모아 싸움을 붙이리니 그 수가 바다의 모래 같으리라

미혹은 우리를 분노로 이끌고, 그 끝에는 싸움과 전쟁이 기다린다. 사랑이 식어지는 것, 미워하고 분노하는 것은 어떤 경우도 하나님의 역사가 아니다. 미혹은 우리를 분노로 이끌고, 분노하면 더 쉽게 미혹된다. 그리고 그 끝은 파멸이다. 사랑이 식지 않도록 마음을 지키라. 분노가 올라오면 '사랑해야지!' 하고 다시 마음을 다잡으라. 그러한 근신이 우리를 미혹으로부터 지켜줄 것이다.

함께 생각해볼 질문들

이 질문들은 스스로 생각을 정리해보고, 소그룹으로 토론하는 데 도움을 주기 위해 만들어졌다. 소그룹 토론을 위해 사용한다면, 모든 질문을 다 소화하려고 하기보다는, 필요한 질문들을 몇 가지 뽑아서 나눠보기를 권한다.

⋮

1 미혹이 무엇이라고 생각하는가? 사람들이 미혹에 빠지게 되는 시작점이 무엇이라 생각하는가? 거룩한 루틴을 만들어 주기적으로 하나님의 말씀을 마음에 두는 것이 미혹에서 벗어나는 길이라면, 당신은 어떤 거룩한 루틴을 만들어 살고 있는가?

2 나는 우리 주변에서 일어나는 세상의 일들을 '육신의 눈'으로 바라보는가, 아니면 '영적인 눈'을 가지고 하나님이 하시는 역사로 바라보는가? 최근에 내 주변에서 일어난 일이나 사회적 이슈가 되는 뉴스를 택하여서 '육신의 눈'으로 보는 것과 '영적인 눈'으로 보는 것이 어떻게 다른지 생각해보라.

3 "무법한 자들의 미혹에 이끌린다"라는 것은 무슨 의미일까? 창조주께서 정하신 피조 세계의 법과 질서를 부정하고 깨뜨리는, 동성애 옹호 모임이나 진화론을 전제로 한 모임에 참석해본 적이 있는가? 동성애 옹

호와 진화론이 궁극적으로 이끌고 갈 세상의 모습은 무엇이라 생각하는가?

4 우리가 사는 시대는 '미혹의 시대'다. 유혹과 미혹은 다르다. 유혹은 잘못된 것을 알지만 그것에 끌리는 것인 반면, 미혹은 진리가 아닌 것을 성경적 진리라고 속는 것이다. 오늘 우리를 미혹하는 것은 무엇인지 나눠보자.

5 미혹은 결국 '영의 역사'다. 미혹의 영에 사로잡히면, 합리적인 대화는 불가능하다. 미혹은 더 구체적으로는 마귀의 역사다. 마귀가 이끄는 미혹은 분노와 미움을 땔감 삼아, 우리를 싸움과 전쟁으로 이끈다. 미혹이 '영'의 역사라는 것을 느꼈던 경험이 있다면 나눠보자. 그리고 성령께서 우리 마음과 생각을 지켜주시도록 기도하자.

03 우리 시대의 5가지 미혹들

그렇다면 우리 시대에는 어떤 미혹들이 있을까? 황금만능주의, 진화론, 인본주의, 포스트모더니즘 그리고 문화 막시즘을 우리 시대를 휘감고 있는 대표적인 5가지 미혹들로 볼 수 있다. 이번 장에서는 이러한 미혹들이 만들어내는 대표적인 현상들에 관하여 살펴보자.

1. 두 개로 쪼개진 진리

첫 번째 미혹은 진화론에서 비롯된 '사적 진리'와 '공적 사실'의 괴리현상이다. 우리는 종종 "창조는 신앙이고 진화는 과학이야"라는 말을 듣는다. 학교나 직장에서 세상은 창조주에 의해 창조되었다고 이야기하면, 신앙으로 과학의 영역을 침범하지 말라는 핀잔을 듣는다. 창조는 종교 혹은 믿음의 영역이고, 진화는 과학의 영역이라는 것이다. 이렇듯 진화론으로 대표되는 과학과 이성의 도전은 '창조'를 '사실의 영역'에서 추방해 '종교의 영역'에 가두어버렸다. 교회에서는 창조론을, 세상에서는 진화론을 진리로 믿으며 살아가는 크리스천들은 두 개로 쪼개진 진리를 어떻게 소화해야 할지 모른 채 '분열된 인식'의 정신적 고통을 안고 살아간다.

그렇다면 언제부터 '종교적 진리'와 '과학적(세속적) 진리'가 분리되었을까? 과학적 사실이 아닌 신앙의 고백을 '진리'라고 부르는 것이 과연 옳을까?

진화론의 영향은 생각보다 광범위하다. 가장 큰 영향은 '진리의 이원화' 현상이다. 진화론에 침윤된 세상은 창조를 비롯한 성경적 세계관을 '종교적 진리' 또는 '사적 진리'의 영역에 속한 것으로 제한하고, 진화론이 속한 과학과는 전혀 다른 영역의 문제로 치부한다. 이런 미혹 속에서 현대의 크리스천은 두 개로 쪼개진 진리 중 자신이 무엇을 믿고 있는지조차 헷갈리는 혼미한 삶을 살고 있다.

과연 사실, 팩트와 분리된 '사적 진리'라는 것이 존재할까? 존재한다고 한들, 그것이 무슨 의미가 있고, 무슨 능력이 있을까? 예수가 죽은 나사로를 살리신 것이 '역사적 사실'이 아니라 단지 '신화'라면 그것이 무슨 의미가 있으며 무슨 능력이 있을까?

성경은 역사적 사실이기에 능력이 있으며, 창조 역시 역사적 사실이기에 의미를 가진다. 진화론이 가져온 미혹을 경계하라. '사실과 진리'는 유일한 것이지, '사적 진리'와 '공적 사실'로 쪼개질 수 없다. 그것은 모순을 회피하기 위한 말장난에 불과하다. 크리스천에게는 사실(진리) 아니면 거짓이라는 두 가지 선택이 있을 뿐이다.

2. 팩트가 사라진 자리를 메운 감정

두 번째 미혹은 '진리', 즉 '팩트'가 사라진 것이다. 이는 포스트모더니즘의 영향이라 할 수 있는데, 앞선 모든 권위를 부정하는 포스트모더니즘은 엄밀한 의미에서 '사조'라기보다는 기존 질서와 권위에 대한 거부를 본질로 삼는 '반항'에 더 가깝다고 할 수 있다.

계몽주의 시대인 17-18세기를 지나며 사람들은 '이성'(理性)의 힘을 새롭게 발견하며 그에 대한 절대적인 믿음을 가지기 시작한다. 중세까지 절대적 진리의 기준이었던 하나님의 자리를 이제 인간의 '이성'이 대체하게 된 것이다. 이 때문에 계몽주의 시대를 종종 "이성이 하나님이 된 시대"라고 부른다. 하나님의 말씀조차 이성으로 비판하고 판단하려 했기 때문이다. 그 대표적인 사조 중 하나가 진화론이다.

어찌 되었든 과학이 비약적으로 발전하고, 산업기술이 고도화되면서 인류는 새로운 19세기를 맞이한다. 과학 문명과 기술의 발달은 인간의 이성을 더욱 위대한 자리에 올려놓았고,

사람들은 이대로만 가면 유토피아에 이를 것이라는 기대에 한껏 부푼다.

그러나 이런 기대는 20세기의 시작과 함께 찾아온 두 번의 세계대전을 거치면서 송두리째 무너진다. 끝없는 진보를 약속하는 듯 보였던 인간의 합리적 이성이 도저히 이해할 수 없는 '괴랄한' 결과를 가져온 것을 목도하게 된 것이다. 과학과 기술의 발달은 유토피아가 아니라 핵폭탄으로 상징되는 디스토피아를 가져왔고, 이성에 대한 기대와 신뢰는 산산이 무너져 내렸다.

더욱이 1930년대 수학자 괴델(Kurt Godel)은 '불완전성 정리'(incompleteness theorems)를 증명해 내는데, 이에 따르면 인간의 이성은 전능하거나 완전하지 않을 뿐 아니라 항상 모순을 포함한다. 그리고 이 수학 이론을 확증이라도 하듯 유토피아를 가져다줄 것처럼 보였던 인간의 이성 그리고 그 산물인 과학과 문명은 세계대전과 핵폭탄이라는 괴랄한 모습으로 그 모순을 드러낸다. 이것이 포스트모더니즘 태동의 역사적 배경이다.

그렇게 인간이 이성에 대한 절대적 신뢰를 버리자 무엇이 남게 되었을까? 이성을 신뢰하지 않는다는 것은 이성, 즉 합리적이라 생각했던 것들을 의심하거나 무시하는 것이며, 합리성 위에 세워진 권위와 질서 역시 인정하지 않는 것이다. 그렇게 할 때 남는 것은 '감정'밖에 없다. 즉 '팩트'와 '의미'가 분리되기 시작한 것이다. 사실이 무엇인지, 진실이 무엇인지는 중요하지 않다. 대신 그것의 의미가 무엇이며, 내가 느끼는 감정이 무엇인지가 중요하다는 새로운 흐름이 생겨나게 되었다. 이것은 신학에도 영향을 미쳐 신정통주의라는 신학이 대세로 자리잡게 된다. 신정통주의 신학이 포스트모더니즘의 직접적인 영향으로 탄생했다고 볼 수는 없지만, 결을 같이하는 것은 분명하다.

신정통주의 신학은 자유주의 신학에 대항하며 등장했는데, 자유주의 신학이란, 과학적 실증주의에 기초한 신학, 즉 진화론에서 파생된 신학이라 할 수 있다. 자유주의 신학은 성경의 절대성과 계시를 부인하고, 인문학적 관점에서 성경을 연구했다. 이는 계몽주의와 과학 문명의 발달에 도취한 인간이 자신의 똑똑함을 자랑하며 정립한 신학이다.

20세기 초 '비신화화'니 '역사의 예수'니 하는 말들이 유행처럼 퍼지기 시작했다. 예수의 기적과 부활은 모두 초대교회 사람들의 신앙고백이었지, 역사적 사실은 아니라는 것이다. 자유주의 신학자들은 성경에서 '신화'가 아닌 '역사적 사실'이 무엇인지를 구분해 내야만 진리를 알 수 있다고 하며 성경을 난도질하기 시작한다. Q문서니 L문서니 하면서 말이다. 과학으로 설명되는 것만을 진리라 믿었던 사조의 결과였다. 그렇게 성경을 난도질하자 남는 것은 "원수를 사랑하라"와 같은 윤리적 교훈 몇 개뿐이었다. 자유주의 신학이 휩쓸고 간 기독교에는 도덕과 윤리만 남게 되었다.

이에 대항하며 등장한 것이 신정통주의 신학이다. 그런데 신정통주의 신학은 매우 희한한 방법, 즉 "사실이 무엇인지는 중요하지 않다. 그 의미가 중요하다"라는 다분히 포스트모더니즘적인 발상으로 자유주의 신학에 대항한다. "부활이 사실이냐고? 그것이 사실인지 아닌지는 중요하지 않다. 부활이 주는 '의미'와 소망의 '능력'으로 살아가는 것이 중요하다." 뭐 이런 종류의 주장이다. 아마 여기저기서 많이 들어본 표현일 것이다. 이것이 칼 바르트(Karl Barth)로 대표되는 신정통주의 신학의 목소리다.

우리는 신학마저도 '팩트' 대신 '의미'와 '감정'을 중시하는 시대를 살아가고 있는 것이다. '감정'이 최종 판결자가 된 이상한 시대. 내가 느끼는 감정이 '선과 악'을 결정하고, 내가 느끼는 감정을 '진리'라 주장하는 시대의 흐름 속에서, '진리', '팩트'가 들어설 자리는 사라져버렸다.

요즘 우리 사회를 보면, 이 사조의 영향이 적나라하게 드러난다. 무엇이 진실이고 무엇이 팩트인지는 중요하지 않다. 사람들의 감정을 부채질해서 내게 유리한 결과를 얻고, 정적에 대한 분노를 불러일으킬 수 있다면 무엇이든 상관없다. 우리는 이런 흐름 속에 살고 있다.

이렇게 팩트와 감정이 분리되면 어떤 결과가 나타날까? 그 결과는 불안과 혼란이다. 팩트가 무엇인가? 그것은 모든 사람들이 보편적으로 동의하는 판단의 '기초'다. 그런데 이 팩트가 사라진 것이다. "왜 그렇게 했어?", "그냥 그렇게 하고 싶었어요." 이런데 소통이 가능할 리 없다.

전통적인 사회에서는 해도 되는 일과 해서는 안 되는 일이 정해져 있었다. 권위와 그 권위가 만든 질서의 결과다. 그런데 이 권위와 질서가 해체되고 나면 어떻게 될까? 그 자리를 '눈치'가 대체하게 된다. 이제는 무엇을 해도 되고, 무엇을 하면 안 되는지가 그때그때 달라진다. 주위 사람들이 어떻게 느끼느냐가 기준이기 때문이다.

헨리 나우웬(Henri Nouwen)은 "아비가 사라지면 피어 프레셔(Peer Pressure, 또래 집단의 압박)가 그 자리를 대체한다"라고 했다. 그렇다. 눈치가 모든 것을 결정하게 되었다. 나의 평강이 타인의 감정에 의존하게 된 것이다. 그러니 불안하다. 포스트모더니즘의 결과는 '혼돈'과 '불안'이다. 이것이 오늘날 정신적 어려움이 폭발적으로 증가하는 중요한 이유 중 하나다.

3. 네 감정에 충실해

여기에 더욱 기름을 붓는 것은 "네 감정에 충실해"라는 프로이트의 속삭임이다. 프로이트는 인간의 문제를 잠재의식으로 설명한다. 잠재의식 속에 욕망, 욕구가 있는데, 그것이 억압되어 있기 때문에 모든 문제가 생긴다는 것이다. 그렇기에 인간 문제의 해답은 그 억눌린 욕망을 충족시키는 것에 있다고 주장한다.

이러한 사조의 거센 흐름 속에서 "너 자신을 사랑해", "네 감정에 충실해", "네가 하고 싶은 것을 해"라는 슬로건이 이 시대에 가장 매력적인 표현이 되었다. 예수를 모르는 사람들, 아니 예수 믿는 사람들조차 이런 말을 들으면 '맞아!' 하는 생각이 들며 왠지 모를 진한 감정이 마음속 깊은 곳에서 올라온다. 멋지게 들리고, 진리처럼 들리고, 구원처럼 다가온다. 마치 그동안 이렇게 하지 않았기 때문에 모든 문제가 생긴 것처럼 느껴진다. 내 안에 억압되어 있던 욕구! '욕구야, 미안해! 내가 너를 너무 무시했어!' 마치 이런 감정이다.

이 시대의 참 구원은 억눌렸던 욕구를 해방하는 것에 있다는 생각이 든다. 욕구를 억압하는 전통, 문화, 질서, 도덕, "이건 당연히 이렇게 해야 해"라는 말은 무시하면서 "네가 하고 싶은 것을 해"라는 말이 진리처럼, 구원을 줄 것처럼 들린다. 이 시대의 사조다.

특별히 미디어에서는 이렇게 억압하는 전통과 문화의 옛 질서를 '부모'로 묘사하고, 자식들은 그런 부모의 '억압' 속에 고통당하는 것으로 묘사된다. 그러다 프로이트의 복음(?)을 듣는다. "너 자신을 사랑해!", "네 감정에 충실해!", "네가 하고 싶은 것을 해!", "윤리? 전통? 당연히 해야 하는 책무? 다 개나 줘버려! 너 자신에게 충실해!" 그러고는 드라마가 해피엔딩으로 끝난다. 그리고 이것이 구원이라고 말한다. 그러나 과연 현실도 그럴까? 현실에서는 낙심과 절망, 정신 질환이 난무한다. 현실에서는 절대 해피엔딩이 아니다.

4. 갈라치기와 분노

그리고 이런 사조 위에 이제 비로소 미혹의 끝판왕인 문화 막시즘이 올라탄다. 다음 장에서 자세히 다루겠지만, 마르크스 혁명의 실패와 함께 등장한 문화 막시즘은 이 모든 사조들이 만들어낸 흐름의 기초 위에 자리한다. 전통적인 막시즘이 경제 문제에 집중했다면, 문화 막시즘은 그 사조를 문화라는 영역으로 확대한다.

문화 막시즘은 헤겔의 변증법에 기초하는데, 그 본질은 '갈라치기'와 '분노'다. 분노가 사회를 변화시키는 원동력이기에 분노를 쏟아놓을 공공의 적이 있어야 한다. 없다면 하나 만들기라도 해야 한다. 전통적인 막시즘에서는 부르주아 자본가, 미국에서는 백인, 동성애에서는 기독교 그리고 페미니즘에서는 남성이 공공의 적이다. 사람들을 갈라치기하며 '소수', '약자'의 인권이라는 이름으로 끊임없이 분노를 부채질한다. 선동한다. 막시즘의 중요한 방법론은 '선동'이다. 분노를 부채질해야만 사회변혁이 일어나기 때문이다. 선전과 선동은 문화 막시즘의 절대적인 방법이다.

더욱 큰 문제는 이들이 목적을 이루기 위해서는 방법의 옳고 그름을 개의치 않는다는 것이다. 목적이 모든 방법을 정당화한다. 그 선동과 선전이 진리에 기초하든, 거짓에 기초하든 상관없다. 분노의 에너지를 만들어 사회를 변혁하고 공공의 적을 타도하여 끌어내릴 수 있다면 그 선전과 선동은 '선'한 것이다. 그런 면에서 문화 막시즘은 성경적 진리와 가장 대척점에 있다고 할 수 있다. 성경은 마귀를 거짓의 아비라 하지 않았는가! 그런 면에서 오늘날 만연하는 '거짓에 기초한 프레임 씌우기'는 문화 막시즘이 연출하는 마귀의 역사로 이해할 수 있다.

5. 미혹은 영이다

이런 것들이 우리 시대를 휘감아 흐르는 대표적인 미혹들이다. 미혹이 무서운 것은 그것이 '영'이기 때문이다. 사람이 어떤 것을 정말로 믿으면, 그것은 '영'이 된다. 이것이 정확한 표현인지는 모르겠지만, 사람이 어떤 것을 깊이 믿게 되면, 그것은 이미 '영'의 영역으로 넘어간다.

예수를 정말로 믿으면 성령께 사로잡히고, 미혹을 정말로 믿으면 미혹의 영에 사로잡힌다. 일단 영에게 사로잡히고 나면 말이나 논리로는 어떻게 되지 않는다. 예수를 믿는 것도 그렇다. 말로 설명이 안 되지 않는가! 그냥 성령받으니 믿어졌다. 물론 처음에는 알아보고, 성경도 읽어보지만, 결정적으로 '믿어지는 것'은 성령의 역사다. '믿는 것'이 아니라 '믿어지는 것'이 정확한 표현이다. 미혹도 그렇다. 처음에는 듣기도 하고, 알아보기도 한다. 하지만 어느 선을 넘어가면, 이제 '영'이 된다.

그래서 기도 외에는 답이 없다. 성령께서 더 강력하게 역사하시는 것 외에는 답이 없다. 조심스럽기는 하지만, 그래도 성령님께 열려 있는 사람들은 시대의 흐름 속에서도 비교적 흔들리지 않고 믿음을 지키는 것을 보게 된다. 우직하기는 해도 쉽게 미혹에 흘러 떠내려가지는 않는다.

그런데 성령의 역사와 기도는 약하고, 대신 생각이 많은 성도들은 시간이 흐르고 나서 보면 깜짝 놀랄 만한 생각을 품고 있을 때가 많다. '어? 어떻게 크리스천이 저렇게 생각하지?'

의아할 때가 많다. 미혹은 '영'이기 때문이다! 성령께서 우리 안에 충만하게 역사하시지 않으면 누군가가 그 빈자리를 차지한다. 성령 안에서 더욱 깨어 있기를 축복한다. 이것은 지식의 문제가 아니라 영의 문제다. 성령 충만하라.

함께 생각해볼 질문들

이 질문들은 스스로 생각을 정리해보고, 소그룹으로 토론하는 데 도움을 주기 위해 만들어졌다. 소그룹 토론을 위해 사용한다면, 모든 질문을 다 소화하려고 하기보다는, 필요한 질문들을 몇 가지 뽑아서 나눠보기를 권한다.

⋮

1 진화론으로 말미암은 '진리의 이원화' 현상이란 무엇인가? 당신이 경험한 예를 중심으로 직접 설명해보라. 또한 '공적 사실'과 '사적 진리'가 분리되어야 한다고 주장하는 이 세상의 미혹 속에서 크리스천은 성경에 대한 믿음, 곧 창조, 부활, 재림 등을 어떻게 이해해야 할까? 진리의 분열을 강요받았던 경험이 있다면 나눠보자. 그때 당신은 어떻게 반응했는가?

2 두 번째로 언급했던 미혹인 포스트모더니즘으로 인해 '진리', '팩트'라는 개념 자체가 사라졌으며, 그 자리를 '나의 감정'이 대신하고 있다는 것은 무슨 뜻일까? 팩트와 감정이 분리되고, 권위와 질서가 해체된 사회에 궁극적으로 나타나는 현상은 무엇일까? "아비가 사라지면 피어 프레셔가 그 자리를 대체한다"라는 말은 구체적으로 무슨 뜻일까? 당신 또한 마음 한편에서 '(어휴, 다른 건 모르겠고) 적어도 내가 느끼는 감정만큼은 진실이고 진짜야!'라고 스스로를 절대화한 경험은 없는가? 억울하다고 생각될 때마다 이 마음이 불쑥 올라오지는 않는가? 당신의 경험을 나눠보자.

3 1,2번에서 언급한 상황에 미혹의 끝판왕 문화 막시즘이 올라탄다는 것이 무슨 의미일까? 진실한 것은 오로지 내가 느끼는 감정뿐이고, 이런 나의 감정에 충실히 반응하는 것이 곧 선이며 해답이라고 생각하는 세태에 문화 막시즘의 '갈라치기'와 '분노', '선동'의 에너지를 쏟아붓는다면, 그 결과는 어떻게 될 것인지 생각해보자.

4 미혹은 영이다. 사람이 어떤 것을 정말로 믿으면 그것은 '영'이 된다. 이 말이 당신 삶의 실체로 다가오는가? 예수를 정말로 믿으면 우리는 성령께 사로잡히고, 반대로 미혹을 정말로 믿으면 미혹의 영에 사로잡힌다. 우리는 진리의 말씀을 굳게 붙잡고, 성령께서 역사하실 것을 구하고, 의지해야 한다. 당신이 오늘 순종해야 할 것은 무엇인가?

5 크리스천 앞에는 평생 싸워나가야 할 '진리의 싸움'이 놓여 있다. 더욱이 이 싸움은 개인의 영성과 신앙에 국한되지 않고, 내가 속한 공동체, 사회, 국가, 풍조와도 밀접하게 연관되어 있다. 이런 시야를 갖추기 위해 따로 힘써야 할 바는 무엇일까?

PART 2

미혹의 물결을 제대로 파악하라

04 문화 막시즘

[약 3:16] 시기와 다툼이 있는 곳에는 혼란과 모든 악한 일이 있음이라

[고전 16:14] 너희 모든 일을 사랑으로 행하라

이 시대를 휘감아 흐르는 가장 강력한 사조 중 하나는 동성애와 젠더 이슈로 나타나는 문화 막시즘이다.

1. 고전 막시즘의 이해

문화 막시즘을 이해하기 위해서는 먼저 전통적인 막시즘을 이해할 필요가 있다. 주지하다시피 막시즘은 19세기 독일의 칼 마르크스(Karl Marx)와 그의 동료 프리드리히 엥겔스(Friedrich Engels)가 주창한 사회변혁 이론이다. 이는 사회가 변화하고 발전(진화)하는 것은 경제적 불평등이 만들어내는 '분노'와 그로 인해 촉발되는 '혁명'에 기인한다는 생각이다.

(1) 유물론

막시즘의 첫 번째 기초는 유물론이다. 진화론에 뿌리를 둔 유물론은 인간을 오직 물질적인 존재로 보며, 오히려 정신이 그 물질의 부산물이라고 정의한다. 그렇기 때문에 마르크스는 정신세계인 상부구조(종교, 사상, 문화, 법, 정치 등의 영역)가 물질세계인 하부구조(먹고사는 문제, 생산력과 생산 관계 등의 영역)를 결정하는 것이 아니라 반대로 하부구조, 즉 먹고사는 문제가 상부구조, 다시 말해 인간의 사상과 정신 그리고 종교까지도 결정한다고 생각했다.

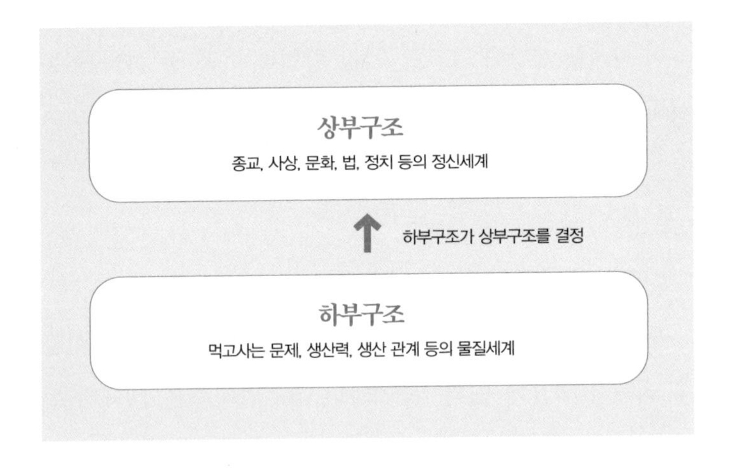

그렇기 때문에 사회를 바꾸기 위해서는 먼저 하부구조가 바뀌어야 한다고 주장한다. 이렇듯 인간을 철저히 '물질에 속한 존재'로 보는 유물론이 막시즘의 출발점이다. 그리고 문화 막시즘은 전통적인 막시즘의 이러한 기본 전제를 공유한다. 막시즘은 그 시작부터 성경적 세계관과 대치된다.

(2) 계급 투쟁론

막시즘의 두 번째 기초는 계급 투쟁론이다. 막시즘적 세계관의 근간을 이루는 하부구조를 어떻게 바꿀 수 있을까? 마르크스는 그 원동력을 계급투쟁에서 찾았다. 사회는 지배 계급인 자본가 '부르주아'와 피지배 계급인 노동자 '프롤레타리아'로 구성되는데, 이 두 계급 간의 갈등이 사회의 변화를 만들어낸다. 이는 기본적으로 헤겔의 변증법적 역사관, 단순하게 말해 "역사는 갈등을 통해 발전한다"는 관점에 기초하고 있다.

변증법적 역사관에 의하면 역사는 '정(正)-반(反)-합(合)'의 단계를 거쳐 상승 발전한다. '정'(기득권)이 있으면 '반'(억압된 세력)이 있고, 결국은 그 둘 사이의 분노와 싸움이 사회를 다음 단계로 나아가게 하는 원동력이 된다는 것이다. 그렇기에 막시즘이 주장하는 사회변화의 동력은 '분노'다. 이 역시 사랑을 이야기하는 성경적 가치와는 대치된다.

(3) 잉여 가치의 착취

세 번째 기초는 막시즘에서 착취는 구조적인 문제로 받아들여진다는 것이다. 잘 알려진 바와 같이 막시즘은 자본주의의 대항마로 등장했는데, 자본주의 체제에서 자본가는 체제 속에 내재된 착취구조로 인해, 심지어 자신의 의지와는 무관하게 노동자를 억압하고 부를 앗아갈 수밖에 없는 존재가 된다. 노동자가 생산한 잉여 가치 대부분이 자본가들에게 돌아가는 구조이기 때문에 착취는 불가피하다는 것이다.

(4) 자본주의 붕괴론

네 번째 기초는 마르크스는 이런 구조적 모순으로 인해 자본주의가 결국 붕괴할 것이라고 믿었다는 것이다. 쉽게 말하면 이 모순은 '빈익빈 부익부'로 집약될 수 있다. 자본가는 노동자들을 착취함으로써 계속 부를 쌓아가는 반면 노동자는 뼈 빠지게 일하더라도 (상대적) 빈곤을 벗어날 수 없다는 것이다.

막시즘은 이를 '생산력'과 '생산 수단 소유'의 모순 관계로 설명한다. 자본주의가 발달할수록 생산력은 극대화되는데 그럴수록 노동자 계급은 토지나 공장, 자본, 기술 등과 같은 생산 수단을 소유하지 못하게 되는 모순적인 상황에 놓이게 된다. 이러한 모순이 임계점에 이르면 결국 자본주의는 노동자들의 분노에 의해 붕괴할 것이라고 믿었다.

(5) 공산주의 혁명과 프롤레타리아 독재

다섯 번째 기초는 앞서 말한 자본주의의 붕괴가 궁극적으로 도달하게 되는 곳이 바로 공산주의라는 것이다. 자본주의의 내적 모순으로 인해 양극화가 임계점에 달하면 노동자들에 의해 기존 질서가 붕괴되는데, 이 과정은 반드시 혁명을 수반한다. 기득권 세력이 자신들이 가지고 있는 권력을 순순히 내어줄 리 만무하기 때문이다.

이 단계를 '사회주의 혁명'이라 부르는데 흥미로운 것은 마르크스가 프롤레타리아가 권력을 획득하고 사회주의 혁명이 성공한 이후에도 프롤레타리아 독재가 계속 필요하다고 말했다는 점이다. 완전한 공산주의 혁명을 완수하기 위해서는 그 중간 단계에서 누군가는 공산주의 시스템과 질서를 만들어야 하므로 프롤레타리아 계급의 독재가 필요하다는 것이다.

혁명 이후에도 아직 새로운 인간형으로 '거듭나지 못한' 기득권 세력이 암암리에 계속 저항하거나 상황을 역전시키려 할 것이기 때문에, 독재가 아닌 통상적 방법으로는 궁극적인 변화가 불가능하다는 것이다. 재산을 모두 내놓으라 한다고, 여전히 어느 정도의 힘을 가진 자들이 재산을 순순히 내놓겠는가? 그러니 사회주의 혁명 이후에도 독재가 계속 이어져야 한다고 주장한다. 이러한 프롤레타리아 독재가 성공적으로 수행되고, 이를 통해 공산주의 체제가 완성되고 나면 그 후로는 완전히 이상적이고 평등한 분배가 이루어질 것이기 때문에 독재도 사라지고 진정한 공산주의 유토피아에 이르게 될 것이라는 주장이다.

이것이 고전적인 막시즘의 내용이다. 이 사상은 러시아와 중국에 공산혁명을 가져왔고, 20세기 인류 역사에 지대한 영향을 미쳤다. 물론 러시아와 중국의 혁명은 온전히 마르크스의 사상만으로 이루어진 것은 아니었다. 혁명이 수행되는 과정에서 '마르크스-레닌주의', '마오이즘' 등 막시즘의 다양한 변이 형태들이 나타났다. 여하튼 1990년대 초 소련의 붕괴로 계급 투쟁론과 폭력 혁명론을 근간으로 하는 고전 막시즘은 실패로 막을 내리게 된다. 그러나 이것이 완전한 끝은 아니었다. 막시즘은 네오막시즘, 비판이론, 신좌파 운동 등을 거치며 문화 막시즘의 모습으로 이어지게 된다.

2. 문화 막시즘의 내용

문화 막시즘은 고전 막시즘이 한계에 봉착한 지점에서 시작되었다. 나는 평생 내가 '막시즘'에 대한 글을 쓰리라고는 한 번도 생각해보지 못했다. 소련이 붕괴하고, 중국이 자본주의를 받아들이기 시작하면서 마르크스의 이론은 이미 실패했다는 최종 선고를 받았다고 생각했기 때문이다. 그런데 시간이 흐르면서 동성애와 급진적 페미니즘이 사회문제로 대두되고, 또 세월호와 이태원 사건이 우리 사회 속에 일으킨 반향을 보며 '어? 뭔가 이상한데?'라는 생각이 들기 시작했다. 이러한 현상들은 새로운 듯 보이지만 어딘가 익숙한 모습을 하고 있었기 때문이다. 그리고 시간이 지나며 이런 사회현상들이 사실은 막시즘과 철학적 기조를 함께하고 있다는 사실을 알게 되었다. 이를 문화 막시즘이라고 부르는 이유다.

(1) 초기 이론가들

앞서 언급했듯이 문화 막시즘은 고전 막시즘의 한계와 실패에 대한 자각에서 비롯되었다. 20세기에 몇몇 나라에서 마르크스가 주장했던 혁명이 일어나기는 했지만, 그 혁명의 양상은 마르크스주의자들이 예상했던 것과 사뭇 달랐다. 이들이 생각했던 것보다 자본주의는 훨씬 견고하고 강력했다. 유럽의 변방이었던 러시아, 농업 중심의 후진국이었던 중국 외에 탄탄한 기독교적 가치 위에 세워진 서유럽 선진국들은 꿈쩍도 하지 않았다.

문화 막시즘은 여기에 대한 고민에서 시작되었다. 서구 사회를 지탱하고 있는 세계관이 이들의 예상보다 견고했기 때문에, 마르크스 혁명의 성공을 위해서는 정치-경제적 하부구조의 변화보다 문화, 예술, 교회, 학교, 미디어 등과 같은 상부구조의 영역에 침투해 그 사회를 구성하고 있는 가치와 문화를 먼저 바꾸어야 한다는 진단에 이르게 된다.

그런데 여기서 주목해야 할 사실은 이들이 서구 사회를 지탱하는 근원적 가치로 '기독교'에 주목했다는 사실이다. 다시 말해 최후까지 막시즘에 저항할 이념이 '기독교'라고 판단한 것이다. 이처럼 문화 막시즘은 그 시작부터 기독교와는 적대적 관계로 출발했다.

안토니오 그람시

초기 문화 막시즘의 이론가이자 이탈리아 공산당 창설자 중 한 사람인 안토니오 그람시(Antonio Gramsci, 1891-1937)는 이를 "제도권으로의 긴 행군"이라고 묘사했다. 그는 마르크스의 사상에 기초한 세계관 혹은 문화가 제도권의 주류가 되어야만, 다시 말해 대부분의 사람이 마르크스의 생각을 당연하게 받아들이는 사회가 되어야만 정치-사회적 혁명이 일어나고, 결국 공산주의 사회로 들어갈 수 있다고 믿었다.

이를 위해서는 강하고 공격적인 에너지를 모아 빠르게 기동하고 움직이며 상대방을 타격하는 '기동전'보다 오랜 시간에 걸쳐 지속적으로 진지를 구축해나가는 '진지전', 사회나 문화 영역의 요직에 침투해 사람들의 생각을 바꾸어 나가는 '진지전'이 필요하다고 역설했다. 말 그대로 '제도권으로의 긴 행군'

인 것이다.

생각해보면 우리나라도 1980년대에는 '공산당', '주사파'라고 하면 마치 마귀 보듯 했던 때가 있었다. 그러나 지난 정부를 지나면서 공공 도서관에 '주체사상'에 대한 책들이 들어가고, 길거리에 "김정은 장군을 환영합니다"라는 현수막이 걸리는 것을 보게 되었다. 그리고 처음에는 '미친 거 아니야?' 하던 것이 어느새 '저렇게 생각하는 것도 가능하구나'라고 받아들이게 되지 않았던가? 이전에는 말도 안 된다고 생각하던 것들이 '그냥 그럴 수도 있구나'라는 생각으로 '제도권' 안으로 들어오게 된 것이다. '제도권으로의 긴 행군'이 30여 년 만에 마침내 '쓰디쓴 열매'를 맺게 된 것이다.

특히 문화적 헤게모니의 장악을 중요하게 생각했던 그람시는 부르주아가 장악하고 있는 헤게모니를 빼앗기 위해 정치, 사회, 학계, 문화계(요즘으로 치면 미디어), 교육, 법조계 등 사회 각 영역에 침투해 사회주의 사상으로 대중을 계몽하는 작업이 선행되어야 한다고 주장했다.

게오르크 루카치

또 한 사람의 중요한 문화 막시즘 이론가인 게오르크 루카치(Georg Lukacs, 1885-1971)는 '문화 테러리즘'이라는 조직을 통해 기존 문화의 권위와 질서에 균열을 내고, 도덕적 가치들을 해체하고자 했다. 그는 1919년 헝가리 소비에트 공화국의 문화부 장관 격인 교육문화 인민 위원을 맡아, 청소년들에게 급진적인 성교육을 시도하고, 프리섹스를 유도하는 등 다양한 활동을 주도하며 부모와 학교의 권위, 가정의 가치, 국가에 대한 충성, 성에 대한 윤리를 전복시키려 했다. 이러한 모든 활동을 통해 그는 진지전으로 새로운 가치와 문화를 세울 기회를 얻고자 했다. 새로운 가치와 문화를 세우려면, 먼저 기존의 윤리와 도덕을 흔들어 사회적 정체성을 무너뜨려야 하기 때문이다.

그렇다. 문화 막시즘의 첫 단추는 항상 기존의 전통 질서에 의문을 던지게 하고, 그것을 흔들고 뒤집는 것이다. 기존의 질서가 견고하면, 이들이 생각하는 '문화 혁명', 곧 문화적 변혁을 이루어낼 기회가 오지 않기 때문이다. 이들의 사상은 후일 프랑크푸르트학파라 불리는 일군의 사람들에 의해 계승 발전되었고, 대서양을 건너 미국에까지 영향을 미쳐 오늘날에 이르게 된다.

(2) 문화 막시즘의 주요 이론

문화 막시즘의 핵심 아이디어는 다음과 같다.

이데올로기의 역할

문화 막시즘(특히 프랑크푸르트학파)은 자본주의 사회에서 '문화'와 '매체'가 그 체제를 유지하는 데 매우 중요한 역할을 한다고 보았다. 자본주의 사회에서 대중은 경제적 착취를 당할 뿐만 아니라 미디어와 교육, 예술 등을 통해 자본주의적 사상, 문화, 가치 등을 자기도 모르게 내면화하며 자본주의 이데올로기 또한 강요당하기 때문이다.

사회문화적 해방

그리고 이렇게 내면화된 자본주의적 가치, 이데올로기로 인해 대중은 경제적 착취를 정당한 것으로 받아들일 뿐 아니라 지속적인 문화적 억압을 겪는다. 그렇기 때문에 여간해서는 인종차별, 성 소수자 억압, 여성 차별 등과 같은 사회적 억압에서 벗어날 수 없다. 따라서 이 억압으로부터 해방되는 '문화적 해방'은 '경제적 해방'만큼이나 중요한 의미를 가진다. 전통적 막시즘이 노동자들이 받는 경제적 억압과 그로 인해 야기되는 혁명에 집중했다면, 문화 막시즘은 다양한 사회적 차별과 억압, 즉 성차별, 인종차별, 성적 지향성 등에 집중한다. 사회적 약자들의 권리를 보호하고, 이들을 문화적 억압으로부터 해방해야 한다는 것이다.

3. 현재 나타나고 있는 문화 막시즘의 모습들

그렇다면 현재 우리 사회에서 나타나고 있는 문화 막시즘의 실제적인 영향은 어떠할까?

(1) 젠더

대표적인 것은 아무래도 젠더 이슈와 급진적 페미니즘 그리고 정치적 올바름(Political Correctness) 같은 것이 아닐까 싶다. 미국에서는 'Black lives matter'(흑인의 생명은 중요하다)와 같은 인종차별도 중요한 문제로 대두된다. 동성애로 대표되는 젠더 이슈는 자세히 언급하지 않아도 이미 익숙하게 잘 알고 있을 것이다. 여성 차별에 대한 문제의식에서 시작된 페미니즘은 '남녀평등'이라는 여성운동을 넘어 아예 '성'이라는 구분 자체를 없애버려야 한다는 급진적 페미니즘 사상으로 발전한다. 남녀의 성을 구분하려는 것이 이 모든 문제의 근본 원인이라는 것이다. 결국 성별은 타고나는 것이 아니라 자기 스스로 결정하는 것이라고 주장하기에 이른다. 그래서 이들은 '남성과 여성'이 아니라 무려 50가지 이상의 성별을 주장한다. 남성, 여성, 논바이너리(Non-binary, 남성과 여성의 이분법에 속하지 않는 성), 젠더플루이드(Genderfluid, 그때그때 바뀌는 유동적인 성), 아젠더(Agender, 젠더 자체가 없는 성), 빅젠더(Bigender, 두 가지 성별을 다 가지는 성), 트랜스젠더(Transgender, 사회적 성과 생물학적

성이 일치하지 않는 성), 팬젠더(Pangender, 여러 성별을 동시에 가지는 성)에 이르기까지. 주여! 우리는 젠더 이슈를 통해 하나님이 정하신 성별의 질서를 사람이 정하겠다는 반란의 끝을 본다.

(2) 정치적 올바름

이와 함께 등장하는 것이 '정치적 올바름'(Political Correctness), 즉 'PC'다. 이는 언어나 행동에서 특정 그룹이나 소수자를 불쾌하게 하거나 차별적인 언급을 하면 안 된다는 주장이자 언어적 족쇄 같은 것이다. 원래 뜻은 그것이 아니었지만, 우리 말로는 '혐오'라고 번역하면 뉘앙스가 비슷할 것 같다.

'동성애자'가 아니라 'LGBTQ'라 해야 하고, 청각 장애자가 아니라 '청각 손상자'라 해야 한다. 미국에서는 'Fat'(뚱보)이 아니라 'Plus sized'(큰 옷을 입는 사람)라는 단어를 써야 하고, 'He'나 'She' 같은 대명사에도 성차별적 요소가 있으니 'It'이나 'They', 'Them' 같은 표현을 사용해야 한다. 'Man'은 '남자'만을 가리키는 단어이니 'chairman'은 안 되고 'chair person'이라 해야 하고, '메리 크리스마스'(Merry Christmas)는 타종교인들에게 혐오를 줄 수 있으니 '해피 홀리데이'(Happy holiday)로 불러야 한다. 이에 트럼프 미국 대통령은 다시 "미국에는 남성과 여성이라는 두 가지 성별만 존재한다"라고 공언했고, '메리 크리스마스'(Merry Christmas)라는 단어를 부활

시켰다.

그런데 여기서 문제는 도대체 무엇이 '혐오'인지, 그 기준 자체가 애매하다는 것이다. 혐오 여부는 철저히 '듣는 사람'의 입장에서만 결정된다. 그것도 듣는 사람이 소수자일 때만 해당한다. 내게 혐오스럽게 들렸다면, 그건 그냥 혐오 발언이라는 것이다. 그런데 왜 소수일 때만 혐오가 인정되는 것일까? 그렇다. 이건 옳고 그름의 문제가 아니라, '정'(正)과 '반'(反)을 가르기 위한 '갈라치기'의 사전 준비 작업이다.

그리고 바로 여기서 문화 막시즘이 주장하는 '인권' 개념이 도출된다. 그것은 "나는 내가 듣기 싫은 소리를 듣지 않을 권리가 있다"는 것으로 요약될 수 있다. 언뜻 소수자들의 인권을 보호해주는 듯하지만, 이 주장에는 맹점이 많다. 예를 들어 교회에서 회개하라고 말하는 것도 혐오가 될 수 있다. 목사님이 나와 다른 생각을 말하는 것도 교회가 인권을 침해한 것이 될 수 있다. 설교 때문에 마음이 불편해졌으니까 말이다. 예전에는 마음이 불편하면 '아! 내 죄 때문에 그렇구나!'라고 자신을 돌아보았는데, 이제는 교회와 목사님이 내 권리, 내 마음이 불편하지 않을 나의 권리를 침해했다고 말한다. 문화 막시즘의 영향이다.

정말 무서운 것은 자신이 왜 그렇게 생각하는지도 모른 채 그렇게 반응한다는 것이다. 그냥 그것이 당연하고 정당하다고 믿는다. 이것이 세상의 사조를 '미혹'이라 부르는 이유다. 죄는 알고 짓는 것이지만, 미혹은 모르고 행하는 것이다. 죄는 자신이 잘못하고 있는 것을 알면서도 하나님께 불순종하는 것이다. 반면 미혹은 자신이 정의로운 일, 하나님의 일을 한다고 믿으면서 실상은 하나님을 대적한다. 마귀가 사용하는 '죄'의 상위호환 버전이 '미혹'이라 할 수 있다. 의를 행한다고 믿으면서 하나님을 대적하는 이 당황스러움이 미혹의 본질이다.

(3) 희생자 이데올로기

이런 현상의 근저에는 '희생자 이데올로기'가 깔려 있다. 단순화해서 이야기하면 "약자는 항상 옳다"라는 생각이다. 이를 뒤집어 보면 기득권층은 항상 악하다는 생각이 깔려 있음을 알 수 있다. 약자인 성 소수자, 흑인이나 유색인종, 여성 약자이기 때문에 '항상' 옳다. 그들의 행동이나 그들이 가지고 있는 가치와 상관없이 약자이기 때문에 옳은 것이다. 그들이 폭력을 행해도 옳고, 도둑질을 해도 옳고, 거짓말을 해도 옳다. 왜? 약자니까! 설령 좀 문제 있는 행동을 했다고 해도 그런 행동에 대한 근본적인 원인을 제공한 것은 기득권층의 억압이라는 것이다.

여기서도 반성경적인 인본주의의 가치가 나타난다. 성경은 남을 탓하기 전에 각자 자신의 죄를 돌아보라고 가르친다. 그런데 문화 막시즘에는 온통 "저들 때문이야!"라는 외침뿐이다. 각자 자신을 돌아보라는 성경의 가르침은 기득권층이 장악하고 있는 기존 질서를 강화할 뿐이니 '악'이다. 모든 것을 먹고사는 물질세계의 문제로 한정한 결과, 이들에게 선과 악의 개념은 성경과는 전혀 다른 것이 되어버렸다.

이런 현상을 '희생자 이데올로기'라고 한다. 희생자 이데올로기란 "자신 또는 집단을 지속적으로 피해자로 규정하고, 이 피해자 정체성을 중심으로 사회적, 정치적 요구를 정당화하는 사고방식"을 의미한다. 이들은 자신이 받은 고통, 억압, 차별을 자신들의 정체성의 핵심으로 삼는다. '무슨 무슨 희생자들의 모임', '부당하게 해고당한 사람들의 모임' 등과 같이 말이다.

이들은 과거의 부당한 경험을 강조하고, 현재의 모든 문제를 그 경험과 연결시킨다. 그러다보니 피해자는 항상 도덕적으로 선하고, 가해자는 항상 부도덕하다는 이분법적 사고를 하게 된다. 피해 경험을 강조함으로써 자신의 입장을 정당화하고, 반대 의견을 억압한다. 이들은 자신의 문제에 대한 책임을 외부로 전가한다. 과거의 억압, 구조적 불평등에 책임을 돌리는 것이다. 그 결과 개인의 능동적 변화 가능성은 배제하고, 외부의 변화만을 요구한다. 그리고 이것을 정치적으로 도

구화한다. 정책 변화, 보상, 혜택 요구 등이 이어진다. 이러한 피해자 정체성이 장기화되고 집단화되면, 결국 정치적으로 세력화된다.

(4) 환경운동

여기에 환경운동이 더해진다. “환경운동이 문화 막시즘의 영향이라고요?”라고 반문할지 모르겠지만, 확실히 그런 경향들이 보인다. 단순히 환경을 보호하자는 차원을 넘어 정치적으로 이슈화하는 경향을 보이기 때문이다. 심지어 챗GPT조차 환경운동을 대표적인 문화 막시즘 현상의 하나로 언급한다. 극단적인 환경운동가들은 자본이 자연을 착취한다고 믿는다. 자본주의에서 자연은 단순한 생산 수단일 뿐인데, 그 생산 수단의 파괴에 따른 복구 비용이 공동체에 전가된다고 말한다. 자본가들이 ‘자연이라는 생산 수단’을 통해 대중을 구조적으로 착취한다는 것이다.

더 나아가 선진국들이 주를 이루는 글로벌 북반구와 아프리카를 비롯한 글로벌 남반구의 대립 구조 속에서 자연을 착취함으로써 이익을 얻는 쪽은 글로벌 북반구라고 주장한다. 그렇게 착취를 통해 이득을 얻으면서 자연 착취로 인한 환경 피해는 고스란히 아프리카를 비롯한 남반구가 담당하게 된다. 게다가 이것은 현세대와 미래세대의 대립이기도 하다. 기득권자인 현세대가 미래세대의 환경과 자원을 미리 가져다가 착취하는 구조라는 것이다.

이 담론에서 등장하는 '갈라치기'가 보이는가? 글로벌 북반구 vs 글로벌 남반구, 현세대 vs 미래세대. 이 구조가 보인다면 이제 당신의 눈이 조금 열리기 시작한 것이다. 축하한다. 이러한 갈등과 대립 구조를 통해 사회가 발전한다고 믿는다는 점에서 '환경운동'은 문화 막시즘과 결을 같이 한다고 볼 수 있다. 분명 환경운동의 많은 아젠다가 문화 막시즘의 영향 아래서 수행되고 있는 것이 사실이다.

4. 음모론?

어떤 이들은 문화 막시즘에 대해 이야기하는 것 자체가 '음모론'이라 말하기도 한다. 여기에 대한 자세한 설명은 부록으로 첨부한 '문화 막시즘의 역사적 배경과 전개'를 참조하기 바란다. 동성애를 비롯한 젠더 이슈, 급진적 페미니즘, 정치적 올바름, 'Black lives matter'와 같은 인종차별 운동 등 헤겔의 역사관과 막시즘에 기초한 문화 현상들이 세계 곳곳에서 엄연히 일어나고 있고, 문화 막시즘을 주장했던 사상가들의 저술과 영향이 자명한 상황에서, 문화 막시즘을 '음모론'이라 말하는 것은 어불성설이다. 이는 눈과 귀를 가린 자폐적 발상이다.

다만 다음과 같은 부분을 '음모론'이라 말한다면 조심스럽게 살펴볼 필요가 있다. "문화 막시즘의 사조를 뒤에서 총괄하고 조종하는 그림자 집단이 있다", "예컨대 프리메이슨과 같은 집단이 그들의 숨겨진 계획에 따라 교회를 공격하고 사회혁명을 진행하고 있다"라는 식의 주장 말이다. 이러한 내용과 관련해서는 확인된 바가 없으니 당연히 판단을 보류해야 할 것이다.

그러나 문화적 현상, 사상적 현상으로 실존하는 '탈중심화된 문화운동[1]으로서의 문화 막시즘을 음모론이라 주장한다면 그 주장이야말로 음모론이다. 엄연히 존재하는 현상을 "그런 거 없어!"라고 말하는 것이니 말이다. 그리고 설령 배후에서 총괄하는 그림자 정부가 없다 하더라도 문화 막시즘은 항상 정치적 색깔을 띠기 때문에 그 현상에 편승하여 정치적 이득을 취하는 정치 집단이 존재하는 것은 또한 사실이다.

5. 문화 막시즘에 대한 성경적 비판

첫째, 문화 막시즘이 '반성경적인 가치'에 치고하고 있다는 것은 굳이 설명이 필요없을 만큼 자명하다. 문화 막시즘은 그

1 특정 권위나 세력이 구심점을 형성하여 주도하는 문화운동이 아니라, 다양한 주체들이 자율적으로 참여하여 문화적 흐름을 형성하고 확산시키는 운동.

뿌리를 유물론에 두고 "하나님은 존재하지 않는다"라는 전제에서 시작하며, 그렇기에 이들이 생각하는 '선과 악', '정의와 불의'에 대한 정의는 성경과는 대척점에 있다. 이들이 생각하는 선은 '모든 존재가 평등한 사회'에 이르는 것이고, 그것에 반하는 것은 모두 악이고 불의다. 그리고 그러한 목적을 위해 행해지는 것들은 모두 '선한 것'으로 정당화된다. 성경과는 전혀 다른 가치관이다.

둘째, 문화 막시즘은 막시즘과 동일하게 '분노'를 동기로 작동한다. 반면 성경은 사랑을 이야기한다. 문화 막시즘의 문제는 좋아 보이는 일을 악한 동기로 하려고 한다는 것이다. 분노가 동기가 된 일이 성경적일 수는 없다. 내세운 이유가 아무리 좋은 것이라 해도, 그 동기가 분노라면 결과가 선할 수 없다. 복수는 복수를 낳고, 결국은 핏빛 파국을 맞게 될 뿐이다.

셋째, 문화 막시즘은 기본적으로 '갈라치기'에 기초한다. 반면 성경은 하나 되는 연합을 이야기한다. 서로의 다름에도 불구하고 상대를 존중하고 사랑 안에 하나 되라고 독려한다. 그러나 문화 막시즘은 상대를 제압하고, 힘으로 뒤엎으라고 선동한다. 더욱이 그것을 '정의'요, '선'이라고 가르친다.

넷째, 문화 막시즘은 모든 문제의 원인을 '남'에게 전가한다. 구조가 문제고, 기득권이 문제다. 내 잘못은 이야기하지 않는다. 아예 테이블에 올라오지 않는다. 그러다보니 약자는 항상 옳다. 이는 전혀 성경적이지 않다.

겉으로 드러나는 현상이 아니라, 그 밑에 있는 본질을 보아야 한다. 그렇지 않을 때 우리는 그럴듯해 보이는 말들에 미혹된다.

결론

자본주의에서는 죄인의 냄새가 나지만, 막시즘에서는 마귀의 냄새가 난다. 나는 당신이 하나님을 조롱하는 편에 서지 않기를 원한다. 그렇다. 자본주의는 부패한다. 꼴 보기 싫은 면이 분명히 있다. 하지만 그렇다고 크리스천이 하나님을 조롱하고 대적하는 원수의 편에 선다고? 이건 생각할 수 있는 선택지가 아니다. 백번 양보해도 그건 아니다. 세상 사람이 그렇게 한다면, 그건 모르겠다. 그러나 크리스천인 당신이 하나님을 조롱하는 편에 선다고? 그건 절대 있을 수 없는 일이다. 그런 사람이 한 사람도 없기를 주의 이름으로 축복한다.

함께 생각해볼 질문들

이 질문들은 스스로 생각을 정리해보고, 소그룹으로 토론하는 데 도움을 주기 위해 만들어졌다. 소그룹 토론을 위해 사용한다면, 모든 질문을 다 소화하려고 하기보다는, 필요한 질문들을 몇 가지 뽑아서 나눠보기를 권한다.

⋮

1 이 책을 읽기 전 문화 막시즘이라는 단어를 들어본 적이 있는가? 처음 들었을 때의 어감이나 가장 먼저 떠올랐던 생각은 무엇인가? 혹시 이 표현이 '철 지난 색깔론'을 소환하고 있다는 생각이 들지는 않았나? 아니면 요즘의 세태와 그 위험을 잘 지적하고 있는 말이라고 생각되는가?

2 문화 막시즘이 계급 투쟁론, 폭력 혁명론을 드러내놓고 이야기하지는 않지만, 결국 고전 막시즘과 생각과 이념의 궤를 같이하고 있다는 사실에 공감하는가? 우리 사회, 또는 내 주변에서 발견되는 문화 막시즘의 영향을 받은 현상들을 찾아보라. 그것이 사람들을 어떻게 '갈라치기' 하고 있으며, 어떤 분노를 만들어내고 있는지 생각해보고 나눠보자.

3 '분노'를 기초로 행해지는 '사회정의' 운동은 없는지 생각해보라. 옳은 일이지만 '분노'를 기초로 하고 있는 현상들 말이다. 그것이 혹시 문

화 막시즘적인 뿌리를 가지고 있지 않은지 생각해보라. 만약 이것을 성경에 기초해 행한다면, 어떻게 해야 할지도 생각해보자. 똑같은 일이지만 '분노'를 기초로 하는 것과 '사랑'을 기초로 하는 것이 어떻게 다를까? 과정은 어떻게 다르고, 또 결과는 어떤 차이가 있을지를 생각해보라.

4 문화 막시즘을 주장하고 추종하는 사람들은 마르크스적인 사회혁명을 포기하고, 단지 문화적인 영향만 끼치기를 원하는 것일까, 아니면 '더 진화한 마르크스주의', 즉 '유토피아로서의 사회주의'를 이루기 위한 '과정'으로 생각하는 것일까? 이도 저도 아니라면, 또 다른 '제3의 길'을 택한 것일까? '제도권으로의 긴 행군'이라는 모토와 관련지어 생각해보라.

5 (4번 질문에서 좀 더 심화된 질문) 만약 문화 막시즘을 추종하는 사람들이 단지 '문화적 영향력을 끼치기 원하는 것'이라면, 이들은 왜 그렇게 자신들의 주장을 관철하는 데 집요할까? 이들에게는 대체 어떤 에너지가 있기에 전 세계를 움직이는 거대한 사상적, 세계관적 조류를 만들어 낼 수 있었던 것일까? 나와 내 주변의 중도적 성향을 가진 사람들을 한 번 돌아보라. 그들이 자신의 주장을 관철하는 데 그렇게까지 집요한 에너지를 투여하는가? 그렇다면 문화 막시즘 계열의 사상은 여전히 '사회주의 유토피아'를 추구하고 있는 세계관이라고 이해해야 하지 않을까? 당신의 생각을 나눠보라.

6 이른바 ‘정치적 올바름(PC)’은 약자를 위한 배려로 이해해야 할까, 아니면 이를 빌미로 우리의 언어와 내면을 통제하려는 움직임으로 이해해야 할까? ‘희생자 이데올로기’에 대해서도 같이 생각해보라. 왜 이들은 약자는 기본적으로 옳다는 생각을 사람들에게 주입하고 싶어 하는 것일까? (물론 우리는 크리스천으로서 예수님이 명령한 바대로 약자를 돌보고 사랑하는 데 애써야 한다!) 겉으로 드러나는 모습은 다르지만, 조지 오웰의 《동물농장》에서와 같은 유토피아주의적 통제를 추구하는 에너지가 여전히 강한 것은 아닐까?

7 분문 중 ‘문화 막시즘에 대한 성경적 비판’ 부분을 다시 읽으며, 나와 내 주변 그리고 내가 속한 공동체, 국가와 민족을 위해 기도하자. 우리 모두 이 덫에 걸리지 않도록, 영적으로 깨어 기도하자.

05 진화론

[창 1:1] 태초에 하나님이 천지를 창조하시니라

이번 장에서 살펴볼 내용은 '진화론'이다. 진화론이 현대 세계관에 미친 영향은 생각보다 깊고 넓다. 게다가 진화론에서 발원하는 현상들은 사람들에게 잘 인식되지 않는 특징이 있다. 프로이트나 문화 막시즘, 포스트모더니즘에 기초한 현상들이 MZ세대에게서 드러날 때 그것은 기성세대의 가치와는 대비되는 사회현상을 만들어낸다. "남자 며느리를 얻는다고?" 이런 식의 충격이 있다.

그에 비해 진화론에 그 뿌리를 둔 현상들은 자극적이고 충격적인 반응을 이끌어내지 않는다. 이미 우리의 사고와 문화 속에 너무 깊숙이 자리 잡고 있기 때문이다. 그냥 자연스러운 것으로 인식된다. 그런 만큼 진화론은 아주 깊은 곳에서 다른 사조들의 기초를 이룬다. 진화론이 우리가 사는 세상에 어떤 영향을 미치고 있는지 살펴보자.

1. 생물학적 진화론

굳이 긴 설명을 하지 않아도 많은 이들에게 다윈(Charles Darwin)으로 대표되는 진화론의 내용은 이미 익숙할 것이다. 인간이 단세포로부터 시작해 진화되어왔다는 주장이다. 생물학적 진화론에 대해 간략히 살펴보면 다음과 같다.

(1) 소진화와 대진화

진화는 크게 소진화와 대진화로 구분되는데, 소진화는 종(種) 안에서 일어나는 변이를 지칭한다. 시골에 있던 나방이 도시로 오면 짙은 색깔로 변한다든지, 새의 부리 길이가 환경에 따라 달라진다든지 하는 것이 소진화의 예이다. 소진화는 비교적 짧은 시간에 같은 종 안에서 일어나는 변이이기 때문에 쉽게 관찰할 수 있고 증명할 수 있다. 반면 대진화는 종을 뛰어넘어 일어나는 변화를 지칭한다. 물고기가 파충류가 되고, 파충류가 다시 포유류가 되는 그런 종류의 진화가 대진화이다.

문제가 되는 것은 '대진화'다. 소진화는 과학적으로 관찰되고 입증되는 사실인 반면 대진화는 워낙 오랜 시간에 걸쳐 일어난다고 주장하기 때문에 아무도 관찰한 사람이 없고, 실험으로 입증할 수도 없다. 그래서 엄밀하게 말하면 대진화는 '사실'이 아니라 '가설'이고, '과학'이 아니라 '종교 이데올로기'

라 할 수 있다.

우리가 '과학적 사실'이라고 부르는 것의 정의는 다음과 같다.

> 관찰 또는 실험할 수 있고, 그 관찰과 실험을 반복했을 때 같은 결과를 얻을 수 있는 것

이 조건을 만족할 때 우리는 그것을 '과학적 사실'로 받아들인다. 이런 정의에 비추어볼 때 대진화는 과학적 사실이라기보다는 진화했을 것이라는 '믿음'이다. 증명할 수 없는 성질의 것이기 때문이다. 그런 면에서 진화론은 과학과는 다른 영역에 속한 것이다. 진화론을 과학으로 분류하는 것은 분류의 오류라 할 수 있다. 과학보다는 이데올로기의 영역에 속했다고 하는 것이 옳을 것이다.

우리가 진화론에 반대한다고 할 때 그 정확한 내용은 '대진화론'에 반대하는 것, 즉 종간의 진화가 일어난다는 주장에 반대하는 것이다. 포도가 자주색일 수도 있고, 파란색일 수도 있다. 잘하면 샤인머스캣이 되기도 한다. 소진화의 결과다. 그러나 아무리 별짓을 다 해도 포도가 사과가 되지는 않는다. 종간의 변화는 일어나지 않는다는 것이다. 성경은 하나님께서 만물을 종류대로 창조하셨다고 말한다.

[창 1:11] 하나님이 이르시되 땅은 풀과 씨 맺는 채소와 각기 종류대로 씨 가진 열매 맺는 나무를 내라 하시니 그대로 되어

[창 1:12] 땅이 풀과 각기 종류대로 씨 맺는 채소와 각기 종류대로 씨 가진 열매 맺는 나무를 내니 하나님이 보시기에 좋았더라

[창 1:21] 하나님이 큰 바다 짐승들과 물에서 번성하여 움직이는 모든 생물을 그 종류대로, 날개 있는 모든 새를 그 종류대로 창조하시니 하나님이 보시기에 좋았더라

[창 1:24] 하나님이 이르시되 땅은 생물을 그 종류대로 내되 가축과 기는 것과 땅의 짐승을 종류대로 내라 하시니 그대로 되니라

[창 1:25] 하나님이 땅의 짐승을 그 종류대로, 가축을 그 종류대로, 땅에 기는 모든 것을 그 종류대로 만드시니 하나님이 보시기에 좋았더라

하나님께서는 모든 생물을 '종류대로', 각각의 '종'으로 창조하셨다. 모든 '종'들은 하나님께서 처음부터 그렇게 창조하신 것이지, 다른 종에서부터 진화한 것이 아니라는 것이 성경의 주장이다.

(2) 진화론의 핵심 이론

다윈이 주장했던 진화론의 핵심 이론은 '변이'와 '자연선택' 또는 '자연도태'다. 그리고 그 결과인 '적자생존'이다. 환경에 적응하기 유리한 개체들이 살아남아 그 유전자가 대물림되면서 진화가 일어난다는 것이다. 중고등학교 과학 교과서에서 배우듯이 기린은 높은 나무에 있는 잎들을 먹고 사니 목이 짧은 기린보다는 목이 긴 기린이 생존에 유리하다. 그 결과 목이 짧은 기린은 도태되고 목이 긴 기린은 살아남아서 그 DNA를 대물림하며 점점 목이 긴 짐승으로 진화되었다고 말한다. 자연선택과 적자생존의 개념이다. 현대 진화론은 더 많은 것들을 이야기하지만 그 근간에는 여전히 자연선택과 도태 그리고 그를 통한 '적자생존'이라는 원리가 자리하고 있다.

(3) 진화론의 문제

그렇다면 과연 진화론은 진리일까? 당연히 아니다. 진화론의 문제점은 과학이 아닌데 과학인 척한다는 것이다. 앞서 언급했듯이 진화론의 주장은 관찰이나 실험을 통해 증명될 수 없다. 과학에서는 이런 것을 '가설'이라고 부른다. 즉 사실이 아닌 '추측'이라는 것이다. 화석을 진화의 증거로 제시하기도 하지만 이 역시 '해석'이지 '증명'은 아니다.

화석 A, B, C, D를 쭉 늘어놓고 "봐라. A에서 B로 진화했고, B에서 C로, C에서 D로 진화한 거다!"라고 주장하지만 그 것은 그렇게 해석한 것일 뿐이다. 원래부터 하나님이 A, B, C, D를 각각 창조하셨다고 해석하면 왜 안 되는가? 안될 이유가 없다! 화석을 진화의 증거라고 말하는 것은 진화되었다는 믿음이 전제되었기 때문에 나오는, 진화를 전제로 한 해석이지, 과학적 증거는 아니다. 창조되었다는 믿음이 전제되어 있으면, 각각의 화석들이 하나님께서 종류대로 창조하셨다는 것을 보여준다고 말할 수도 있기 때문이다.

두 번째로 생각해볼 것은 엔트로피, 뉴턴의 '열역학 제2법칙'이다. 이 법칙을 쉽게 설명하면 존재하는 모든 것들은 시간이 흐름에 따라 '질서에서 무질서'로 흘러가지, '무질서에서 질서'로 흘러가지 않는다는 것이다. 무질서하던 것들이 질서를 갖추려면 엑스트라 에너지가 투입되어야만 한다.

아이들 방을 정리해보면 알지 않는가! 가만히 두면 점점 무질서해지지 저절로 질서 있게 변화되지 않는다.

그런데 아무것도 없던 곳에서 번개가 치자 아메바가 생기고, 그것이 진화에 진화를 거듭해 인간이 되었다는 것은 무질서에서 질서가 생겼다는 주장인데, 이는 뉴턴의 열역학 제2법칙에 비춰보았을 때 납득하기 어려운 주장이다. 물론 진화론자들은 태양에너지와 번개의 전기에너지가 작용하고 있었기 때문에 그 엑스트라 에너지를 통해 무질서에서 질서로 나아갔다고 이야기한다. 그럼에도 불구하고 태양에너지와 전기에너지만으로 '인간'이라는 고도의 '질서체'(秩序體)가 저절로 만들어졌다는 주장은 어딘가 어색하다.

예를 들어 바닷가에 모래가 있다. 그런데 시간이 흐르자 이 모래 속에 있던 규사들이 슬금슬금 모이더니 유리가 되고, 모래 속에 흩어져 있던 철분들이 슬금슬금 모이더니 철이 된다. 더 시간이 흐르자 철이 정교한 모양을 갖추며 톱니바퀴가 되고, 유리는 매끈하게 다듬어져 시계 유리가 된다. 거기서 더 많은 시간이 흐르자 이번에는 고무가 나타난다. 고무는 석유에서부터 추출되어야 하는데(?) 마침(!) 거기에 석유가 있어서 '오랜 시간'이라는 '전능자의 손길'에 의해 고무가 되고, 마침내 시곗줄이 된다. 그리고 이것들이 정교하게 딱딱 맞아떨어지더니 마침내 우리 손목에 차는 시계가 되었다.

이것이 가능하다고 믿는가? 누가 봐도 이상한 이야기다. 태양이 비추고 가끔 번개가 친다고 해서 모래에서 시계가 만들어졌다는 이야기를 믿을 사람은 아무도 없다. 오랜 시간이 흐르고, 거기에 엑스트라 에너지가 투입되었다고 해서 만사가 해결되는 것은 아니라는 것이다. 고도의 질서체가 만들어지기 위해서는 '목적성을 가진 에너지'가 투입되어야 한다. 시계를 만들겠다는 분명한 목적을 가진 '지성'이 불을 지펴 유리를 만들어 다듬고 장인의 손을 통해 정교하게 맞추어질 때, 이런 목적성을 가진 에너지가 투입될 때 비로소 시계가 된다. 단순히 에너지가 투입된다고 되는 것이 아니라 '목적성 있는 에너지'가 필요하다.

모래에 태양에너지가 투입되면 모래가 뜨거워질 뿐 시계가 만들어지지는 않는다. 어질러진 아이의 방에 태양에너지가 비추고 번개가 번쩍인다고 해서 방이 정리되지는 않는다. 방이 뜨거워질 뿐이다. 목적성이 있는 에너지가 아니기 때문이다. 더욱이 인간의 복잡성과 정교함은 시계와는 비교조차 되지 않는다. 수백만 배는 더 복잡하다. 그런 인간이 저절로 만들어졌다고? 이해하기 어려운 믿음이다. 진화론에는 이런 상식적으로 동의하기 어려운 문제들이 있다.

2. 이데올로기로서의 진화론

이 장에서 정말 다루고자 하는 것은 이 생물학적 진화론이 인간의 생각과 문화에 어떤 영향을 미쳤는가 하는 점이다. 진화론의 진짜 문제는 이 이론이 단순히 과학의 영역에 머물지 않고 현대인들의 인식과 사상, 문화와 세계관에 엄청난 영향을 미쳤다는 점이다. 그런 의미에서 진화론은 과학이 아니라 이데올로기라 할 수 있다. 그렇다. 진화론은 정말 과학은 아니다. 증명이 안 되는 가설이기 때문이다.

그런데 이 가설, 이 믿음이 인간의 사조와 세계관에는 무엇과도 비교할 수 없는 심대한 영향을 미쳤다. 다윈의 진화론은 인문학에도 접목되어 진화사회학, 진화심리학, 진화윤리학에 이르기까지 거의 대부분 학문에 적용되는 주류 방법론이 된다. 그리고 그 결과 진화론적 사고는 인본주의 세계관의 기초로 자리 잡게 된다.

이제 진화론이 만들어낸 인본주의 세계관이 어떤 것인지 살펴보자. 진화론이 만들어낸 대표적인 생각의 흐름은 대략 세 가지로 요약될 수 있는데 첫째는 '진리의 이원화 현상'이고, 둘째는 '쓸모없는 인간은 실패한 인간'이라는 생각이며, 셋째는 '나중 것이 더 좋은 것'이라는 사고다.

(1) 두 개로 쪼개진 진리

진화론에서 비롯된 첫 번째 미혹은 '사적 진리'와 '공적 사실'의 괴리현상이다. 앞선 장들에서도 언급했듯이 우리는 종종 "창조는 신앙이고 진화는 과학이야"라는 말을 듣는다. 학교나 직장에서 세상은 창조주에 의해 창조되었다고 이야기하면, "신앙으로 과학의 영역을 침범하지 말라"는 말을 듣곤 한다. 창조를 '사실의 영역'에서 추방하여 '종교의 영역'에 가둔다. 교회에서는 창조론을, 세상에서는 진화론을 배우며 진리로 믿고 살아가는 크리스천들은 '두 개로 쪼개진 진리'를 어떻게 소화해야 할지 모른 채 '분열된 인식'의 정신적 고통을 안고 살아간다.

우리는 언제부터 '종교적 진리'와 '과학적(세속적) 진리'를 분리하게 되었을까? 과학적 사실이 아닌 신앙의 고백을 과연 '진리'라고 부르는 것이 옳을까? 진화론이 우리에게 미친 가장 큰 영향이 바로 진리를 이원화할 수 있다는 희한한 태도이다.

크리스천은 '두 개로 쪼개진 진리' 속에 자신이 무엇을 믿는지조차 헷갈리는 혼미한 삶을 살아간다. 창조는 종교적 진리이고, 진화는 과학적 진리라고? 도대체 그게 무엇을 의미하는지 정확히 알고 하는 말일까? 알고 할 리가 없다. 왜냐하면 이는 말이 안 되는 말이기 때문이다. 마치 "뜨거운 얼음이 차갑게 불타오르며 조용히 소리 질렀다"는 것처럼 말이 안 되는 '단어의 나열'에 불과하다.

'사적 진리' 또는 '종교적 진리'라는 말은 그럴듯하게 포장되어 있지만 실은 "사실이 아니라도 상관없어. 그냥 그렇다고 믿어. 그럼 그게 또 의미가 있어"라는 뜻이다. 말이 좋아 '사적 진리'지 그냥 근거 없는 '뇌피셜' 또는 '망상'을 자기도 속고 남도 속는 그럴듯한 말로 포장한 것에 불과하다. 창조가 사실이면 진화는 거짓이고, 진화가 사실이면 창조는 거짓이지, 무슨 '사적 진리'고, '공적 사실'인가? 이 단순한 사실을 뭐 그리 복잡하게 돌려 말할까? 사실 말장난이다.

과연 '팩트'와 분리된 '사적 진리'라는 것이 존재할까? 존재한다고 한들 그것이 무슨 의미가 있고, 무슨 능력이 있을까? 천국과 지옥은 실존하는 사실일까? 아니면 사적 진리일까? 천국이 실재가 아니라 사적 진리라면 바울의 말대로 우리는 모든 사람 가운데 가장 불쌍한 사람이다. 실재도 아닌 것을 위해 이 땅의 것을 희생하며 살아가니 말이다. 성경은 '역사적 사실'이기에 능력이 있고, 창조 역시 역사적 사실이기에 의미를 가진다. 진화론이 가져온 미혹을 경계하라. '사실'과 '진리'는 유일한 것이지, '사적 진리'와 '공적 사실'로 쪼개질 수 없다. 그것은 모순을 회피하기 위한 말장난에 불과하다.

(2) 쓸모가 존재가치를 결정하는 세상

진화론이 만들어낸 두 번째 미혹은 "쓸모가 존재를 결정한다"는 생각이다. 청소년기에 '나는 쓸모없는 존재야. 죽어야 해'라는 고민을 한두 번씩은 다들 해보았을 것이다. 대학 입시에서 떨어졌거나, 큰 실패를 경험했거나, 친구들로부터 왕따를 당할 때 그런 생각을 하게 된다. '나는 쓸모없는 존재야! 죽어야 해!'

그런데 반문해보자. 왜 쓸모가 없으면 죽어야 할까? '쓸모없음'이 왜 '죽음'과 연결되어야 하나? 그렇다! 자연도태! 진화론적 세계관은 환경에 더 잘 적응하는 개체는 자연의 선택을 받아 살아남고, 그렇지 못한 개체, 즉 쓸모없는 개체는 도태되어 사라진다고 말한다. 적자생존이다. 그리고 이 선택과 도태의 과정을 통해 세상은 진화해 간다고 주장한다. 무엇을 향해? 더 나은 세상을 향해서 말이다! 진화의 방향이 곧 '선'이다. 진화의 방향이 곧 '의미'다. 진화의 끝에 우리는 유토피아, 지금보다 훨씬 진화한 세상인 '천국'에 도달하게 될 것이라고 약속한다.

그런데 나를 보면 어떤가? 도태되어 마땅한 존재다! 쓸모가 없다! 그러니 사라지는 것이 인류의 선을 위해 유익해 보인다. 이 쓸모없는 존재의 DNA를 계속 후대에 전달하는 '죄'를 짓지 말고, 빨리 사라져주는 것이 '선'이다. 그렇다. 이것이 진화론이 우리 속에 깊이 박아놓은 잔인한 사고다. 너무 자연스러워서 당연하다고 느끼지 않는가? 쓸모없는 존재라고 느끼면 죽고 싶은 것이 당연하지 않는가? 맞다. 당연하다고 느낀다. 왜 그런가? 진화론이 심어놓은 세계관 때문이다! 진화론의 세계관은 참 잔인하다. 쓸모 있는 존재만이 살아남을 권리를 가진다.

현대 사회의 치솟는 자살률은 진화론적 세계관과 무관하지 않다. 진화론적 세계관에 젖어 세상 속에서는 생존경쟁에서 살아남아 적자생존한 인간만이 살아갈 가치가 있기 때문이다. 오늘날 사람들은 치열한 경쟁 속에서 살아간다. 학교나 직장에서의 삶을 생존경쟁으로 느낀다. 다윈이 이야기했던 '적자생존'[2]의 무시무시한 자연 생태계가 우리가 살아가는 환경이다.

더욱이 SNS를 통해 경쟁과 비교가 일상화되었다. 나만 뒤처지고, 나만 무능한 것 같은 느낌을 매일 매 순간 받는다. 이 무한경쟁과 적자생존의 환경 속에서 우리는 '살아남아야 한다'는 생각을 하고, 이를 위해 나의 '쓸모'를 증명하려 고군분투한다. 쓸모를 증명함으로써 '존재의 이유'를 강변하고, 타인에게도 동일한 것을 요구한다. 특정한 쓸모를 강요하기도 한다. 우리는 '쓸모'를 통해 '존재 이유'를 증명하는 시대를 살아가고 있다. 진화론이 심어놓은 강력한 미혹이다.

산업혁명 이전인 농경사회에서는 자살률이 지금처럼 높지 않았다. 경쟁의 강도가 오늘날 같지 않았기 때문이다. 굳이 경쟁을 통해 자신의 쓸모를 증명하지 않아도 공동체 속에서 함께하는 삶을 통해 의미 있고 행복한 삶을 누릴 수 있었다. 농경사회에서는 꼭 1등을 해야 할 이유가 없었으니까 말이다. 어려운 사람이 있으면 함께 도와주고, 힘든 일이 있으면 함께 울어주는 '여유'가 있었다.

---

2 적자생존(survival of the fittest)은 다윈의 생물학적 진화론을 사회학에 접목해 진화사회학을 주창한 하버트 스펜서(Herbert Spencer)가 처음 사용했다. 후에 다윈이 이 용어를 생물학에 차용한다.

그러나 산업화가 이루어지고, 자본주의 발달이 가속화되면서 여유는 사라지고 경쟁이 그 자리를 대체했다. 그리고 이런 '경쟁'을 정당화해준 것이 진화론이다. 경쟁을 통해 쓸모 있는 사람들이 걸러져 '사회적 진화'가 일어난다. 인류는 경쟁, 좀 더 정확하게는 적자생존을 통해 더 나은 곳을 향해 진화해 간다. 쓸모없는 존재는 도태되어 사라지고, 쓸모 있는 존재만 살아남는 '진화'를 통해서 말이다. 이 '쓸모의 세계관' 배후에는 '경쟁과 적자생존이 곧 진리이며 선'이라는 '진화론'이 자리 잡고 있다.

그런데 문제는 이 '쓸모'를 누가 결정하느냐는 것이다. 어떤 것이 쓸모 있고, 어떤 것이 쓸모없는 것일까? 창조주를 부인하는 무신론자나 진화론자들은 '자연' 또는 '보이지 않는 어떤 존재'가 그것을 선택한다고 말한다. 이 '보이지 않는 존재'의 실체가 무엇일까? 그것은 '타락한 인간들의 욕망의 총체'다. 인간들의 욕망이 사회적 필요를 만들고, 그 필요를 잘 충족시킬 수 있는 능력을 '쓸모'라고 정의한다. 결국 이 쓸모를 결정하는 것은 '인간'이다.

타락한 인간의 욕망이 '쓸모'를 결정하는 기준이 된다. 그리고 이렇게 세워진 기준에 의해 판별된 '쓸모 있는 인간'만이 존재할 가치를 부여받는다. 그런 의미에서 진화론은 인본주의와 연결되어 있다. 그도 그럴 것이 진화론의 시작은 "태초에 하나님이 천지를 창조하시니라"(창 1:1)를 부인하는 것에서 시작되기 때문이다.

그렇다면 하나님은 무엇이라 말씀하실까? 인간의 쓸모는 사람이 결정하는 것이 아니라고 하신다. 쓸모는 하나님이 결정하신다. 그리고 하나님은 이렇게 말씀하신다.

> [사 43:4] 네가 내 눈에 보배롭고 존귀하며 내가 너를 사랑하였은즉 내가 네 대신 사람들을 내어 주며 백성들이 네 생명을 대신하리니

"네가 내 눈에", 즉 하나님의 눈에는 보배롭고 존귀하다는 것이다. 그렇다. 모든 사람은 각 사람의 쓸모를 가지고 태어났다. 경쟁에서 이겨 쓸모를 증명해야 비로소 쓸모 있는 존재가 되는 것이 아니다. 미혹과 거짓에 속지 말라. 우리의 존재 자체가 '보배롭고 존귀'하다. 우리를 만드신 하나님이 그렇다고 하시기 때문이다. 우리에게는 하나님이 계신다. 그리고 그 하나님의 말씀이 곧 진리다! 이것이 성경이 말하는 진리다.

진화론은 이 성경적 진리를 부정하고 경쟁에서 이기고 적자생존해야 쓸모 있는 존재라고 속인다. 그리고 그 결과 수많은 사람을 자살로 몰아간다. 하나님이 각 사람에게 부여하신 소중하고 존귀한 '그 사람만의 쓸모'를 앗아간다. 잊지 말라. 제

발 잊지 말라. 당신에게는 당신만의 쓸모가 있다! 당신에게는 하나님의 기쁨이 되는 놀라운 쓸모가 있고, 부모의 기쁨이 되는 놀라운 쓸모가 있다. 당신은 '사랑받기 위한 쓸모'를 가지고 태어났다.

내가 아는 장로님, 권사님 부부가 계신다. 첫째 딸이 중증 장애를 가지고 태어났다. 의사들은 몇 년 살지 못할 것이라 했지만, 하나님의 은혜로 50년 넘게 생존했다. 장애가 얼마나 심했는지 50년이 넘도록 말도 못했고, 일어나 걷지도 못했다. 생의 대부분을 집 안에서 보내야 했다. 이 딸을 위해 장로님과 권사님은 그 분들의 인생 전부를 쏟아부으셨다. 권사님은 평생 외출도 제대로 하실 수 없었다. 그러다보니 사람들과의 관계도 제대로 누릴 수 없었다. 영화관도 한번 가실 수 없었고, 24시간 딸을 돌보아야 했다.

그럼에도 불구하고 두 분은 이 딸을 포기하지 않으셨다. 아니, 포기할 수 없으셨다. 왜냐하면 이 딸은 두 분에게 무엇과도 바꿀 수 없는 소중한 존재였기 때문이다. 그 분들의 인생 전부와 바꿀 정도로 말이다. 유용성은 전혀 없다. 그럼에도 이 딸에게는 적자생존으로는 설명할 수 없는 어떤 '쓸모'가 있었다. 그것은 '존재'로부터 오는 '쓸모'였다. 하나님의 기쁨의 되며 누군가의 기쁨이 되는 '존재적 쓸모' 말이다. 그리고 그것이 당신의 '진짜 쓸모'다. 우리에게는 적자생존으로는 결코 설명할 수 없는 절대적 쓸모가 있다. 지금은 천국에 계시지만, 장로님께 꼭 전해드리고 싶은 말이 있다. "장로님, 우리가 얼마나 소중하고 보배로운 존재인지를 알려주셔서 감사합니다!"

우리의 쓸모는 '존재 자체'에서 오는 쓸모지, '유용성'에서 오는 쓸모가 아니다. 진화론은 '존재적 가치'를 '생산적 가치'로 바꿈으로써 인간을 생산을 위한 부품으로 전락시켜버렸다.

(3) 나중 것이 항상 더 좋다

진화론의 세 번째 미혹은 "나중 것이 항상 더 좋다"는 미혹이다. 나중에 나온 것이 진화된 것이기에 더 좋은 것이라고 생각한다. 이는 '진화'라는 개념의 불완전함에 기인한 필연적 귀결이라 할 수 있다. 진화론의 치명적인 문제는 '가치의 방향성'을 말하기 어렵다는 점이다. 진화를 통해 사회가 발전한다고 하는데 그 발전의 방향이 무엇인지, 지향점이 무엇인지 모른다. 진화가 어느 방향으로 어떻게 일어날지 아무도 모르기 때문이다. 그러다보니 결국 진화가 일어나는 방향이 곧 '발전'이며, 진화의 방향이 곧 '선'일 것이라는 무책임한 결론에 이르게 된다. 이는 "나중에 나온 것이 더 좋다"라는 진화론의 세 번째 미혹과 연결된다.

우리는 어디로 가는지도 모르는 채 진화라는 허구를 붙잡고 불안한 발걸음을 떼고 있다. 진화론은 '불안'이라는 저주를 숙명처럼 품고 있다. 그저 '나중에 나온 것이 더 좋은 것'이라는 근거 없는 주장을 믿으며, 오늘도 불안한 발걸음을 뗀다. 어디로 향하는지, 왜 떼어야 하는지도 모르는 발걸음을 말이다.

예를 들어 전통적으로 가정은 한 남자와 한 여자가 이루는 것이라 생각했다. 그런데 새로운 시도들이 등장한다. 남자와 남자 또는 여자와 여자가 가정을 이루겠다는 것이다. 더 나아가 남자들과 여자들이 집단 혼인 관계를 이루겠다고 주장한다. 진화론적 관점에서 보면 이는 '전통적인 가정관'에서 진화된 '새로운 가정관'이다. 그리고 '진화되었기 때문에' 더 발전된 또는 진보된 가정관이다. 여기서 '발전되었다'는 것이 도대체 무슨 의미일까? 어떤 의미에서 발전되었다는 것일까?

깊이 생각해보면 발전되었다고 말할 수 있는 근거는 하나뿐이다. 나중에 나왔기 때문이다. 이것이 발전이라고 말하는 유일한 근거다. 이 진화론적 사고가 생각보다 우리 안에 깊게 뿌리박혀 있다. 젠더 이슈도 마찬가지다. 동성애나 젠더 개념은 전통적인 성 개념에서부터 진화된, 그러니까 더 진보된 개념이라고 말한다. 문명의 발달이라고 말한다. 더 나중에 나왔다는 이유로 말이다.

나중에 나온 이 성 개념을 받아들이는 나라들은 앞서가는 나라이고, 그렇지 않은 나라들은 뒤처진 나라들이다. 그런데 놀랍게도 그 근거는 오직 하나, '나중에 나온 것'이라는 점뿐이다. 진화가 과연 우리를 유토피아로 인도할까? 아무도 모른다. 그렇기 때문에 진화의 발걸음은 불안하다.

성경은 다르게 이야기한다. 성경은 '처음'이 가장 완전했다고 말한다. '나중'이 아니라 '처음'이 완전했다는 것이다. 불행하게도 죄가 들어온 이후, 세상은 '진화'가 아니라 '퇴보'를 거듭했다. 창세기 1장의 완전한 세상이 창세기 6장에 이르면 완전히 망가진다. 하나님께서 이렇게 말씀하신다.

[창 6:5] 여호와께서 사람의 죄악이 세상에 가득함과 그의 마음으로 생각하는 모든 계획이 항상 악할 뿐임을 보시고

[창 6:6] 땅 위에 사람 지으셨음을 한탄하사 마음에 근심하시고

나중에 나온 것이 진화된 것이고 진보한 것일까? 하나님은 그렇게 말씀하지 않으신다. 이것은 진보를 찬양하는 사고 안에 도사리고 있는 위험성이다. 전통적인 가치를 파괴하고 바꾸는 것은 모두 '발전'이고 '선'이며 '진보'라는 생각의 뿌리에는 진화론의 그림자가 드리워 있다. 물론 '바꾸는 것' 자체가 모두 잘못이라는 뜻은 아니다. 바꿀 것은 바꿔야 한다. 문제는

'방향성'이다. 성경은 그 변화의 방향을 '회복'이라고 말한다. 다시 말해 처음 창조, 그 오리지널로 돌아가는 것이 '발전'이라는 것이다. 하나님이 지으신 모든 것이 가장 완벽했기 때문이다!

[창 1:31] 하나님이 지으신 그 모든 것을 보시니 보시기에 심히 좋았더라

성경적 세계관과 진화론적 세계관이 추구하는 변화는 그 방향이 다르다. 성경적 세계관은 하나님의 원래 창조, 그 오리지널로 돌아가는 변화, 즉 회복을 추구하는 반면, 진화론은 진화가 만들어내는 변화, 즉 '타락한 인간의 욕망'을 따라 만들어지는 변화를 좇는다. 미혹에 속지 말라.

결론

진화론은 존재에 대한 도전이다. 인간이 어디서부터 왔는지를 건드리기 때문이다. 아메바로부터 진화되었는가? 아니면 창조주로부터 창조되었는가? 유물론에 기초할 것인가? 아니면 하나님의 창조에 기초할 것인가? 진화론은 이것에 대한 싸움이다.

우리를 사로잡는 미혹을 둘러싼 여러 가지 싸움에는 각각

의 영역들이 있다. 포스트모더니즘이 '팩트냐, 감정이냐' 하는 '인식' 영역의 싸움이라면, 문화 막시즘은 '사랑이냐, 증오냐' 하는 '동기' 영역의 싸움이다. 이에 반해 진화론은 '존재' 영역의 싸움이다.

나는 어떤 존재인가? 하나님이 창조하신 존귀한 하나님의 형상인가? 아니면 개나 소와 다를 바 없는 고깃덩어리인가? 이것이 진화론과의 싸움의 본질이다. 존재에 대한 싸움이라는 면에서 진화론은 모든 싸움의 기초이자 토대가 된다. 따라서 이 싸움에서 밀리면 결국 다른 모든 싸움, 즉 포스트모더니즘, 인본주의, 문화 막시즘을 둘러싼 싸움에서도 밀리게 된다. 성경은 이렇게 시작된다.

[창 1:1] 태초에 하나님이 천지를 창조하시니라

성경의 시작이며 기초를 이루는 말씀이다. 당신은 이 말씀을 믿는가? 진화론은 이 말씀에 대한 도전이다. 진화론의 본질은 이 말씀과의 전쟁이다. "태초에 하나님이 천지를 창조하시니라!" 사탄은 교묘하게 미혹한다. 진리를 이원화함으로써 태초에 하나님이 천지를 창조하셨다는 이 놀라운 진리의 말씀을 '사적 영역'이라는 감옥에 가두어버렸다.

시대의 도전자들이 일으키는 싸움의 본질을 파다보면 결국 여기에 다다르게 된다. 이곳이 바로 싸움의 근원지이다. 여기가 바로 적의 본진이다. "태초에 하나님이 천지를 창조하시니라"라는 창세기 1장 1절의 전쟁이다!

당신은 어떤가? 이 진리를 믿는가? 이것을 거부하거나 '사적 영역의 진리'로 제한하고 나면 그 나머지는 줄줄이 밀리게 된다. 창조주 하나님이 실재하지 않으신다면 그분의 말씀이 무슨 힘이 있겠는가? 그저 종교적 위안을 주는 '인민의 아편'일 뿐이다.

그러나 우리에게는 창조주가 계신다. 이 진리를 지켜야 한다. 여기서 밀리지 말라. 당신에게는 창조주가 계시고, 그분 눈에 당신은 보배롭고 존귀한 존재다. 당신 스스로 '보배롭고 존귀한, 존재적 쓸모가 있는 자'로 인식할 것인지, 아니면 '성취를 통해 쓸모를 증명해야만 하는 고깃덩어리'로 인식할 것인지는 당신의 선택이다.

함께 생각해볼 질문

이 질문들은 스스로 생각을 정리해보고, 소그룹으로 토론하는 데 도움을 주기 위해 만들어졌다. 소그룹 토론을 위해 사용한다면, 모든 질문을 다 소화하려고 하기보다는, 필요한 질문들을 몇 가지 뽑아서 나눠보기를 권한다.

⋮

1 당신은 다음 두 말씀을 온전히 믿는가?

[창 1:1] 태초에 하나님이 천지를 창조하시니라

[창 1:31] 하나님이 지으신 그 모든 것을 보시니 보시기에 심히 좋았더라

당신의 내면 깊은 곳에서 이 두 말씀을 확고한 진리의 선포라고 받아들이는가? 이 진리의 말씀에 따라 나의 생각과 감정을 계속 조율하고 있는가? '그건 성경 말씀이고, 과학에서는 다르게 말해'라고 믿고 있는 것은 없는가? 당신은 우리가 살아가고 있는 세상이 이 말씀으로 덮이고, 구속되어야 한다고 생각하는가?

2 본문에서 말하는 '생물학적 진화론'과 '이데올로기로서의 진화론'(진화론적 세계관)의 차이는 무엇인가? 크리스천으로서 '생물학적 진화론'

을 믿는다고 생각하지는 않지만, '아, 내 안에 이런저런 진화론적 세계관이 들어와 있구나' 하고 소스라치게 놀란 적은 없는가? 진화론은 이미 우리 사고와 문화 속에 깊게 자리하고 있기에 '자연스러운 것'으로 받아들여진다는 지적을 다시 생각해보고, 그런 것들에 무엇이 있는지 찾아보라.

3 엔트로피 법칙, 뉴턴의 '열역학 제2법칙'을 자신의 언어로 풀어 설명해보자. 이 법칙의 어떤 대목이 진화론과 상충하는가? 당신의 말로 생물학적 진화론에 대해 반박해보라.

4 진화론 이데올로기가 말하는 '쓸모없는 인간은 실패한 인간', '쓸모가 존재가치를 결정한다'는 미혹에 나와 내 주변 그리고 이 세상이 얼마나 잠식당했나? 환경에 잘 적응하지 못하면, 결국 나는 도태되어 사라지고 말 존재라고 생각했던 적은 없는가? '쓸모의 기준'은 '타락한 인간 욕망의 총체'라는 진화론적 세계관의 기준에 대해 어떻게 생각하는가? 적어도 믿는 자로서 다음 세대만큼은 이 미혹에서 끄집어내야 하지 않겠는가?

5 "나중 것이 항상 더 좋은 것"이라는 미혹에 대해 생각해보자. 나중에 나온 것이 결국 진화이고, 진보라는 이 생각이 인류의 사고에 미친 영향

은 무엇일까? 당면한 사회 문제들을 풀어나갈 때 우리가 흔히 생각하는 진보주의적 사고가 '진화론 이데올로기'의 열매라는 것이 보이는가? 창세기 1장 31절은 "하나님이 지으신 그 모든 것을 보시니 보시기에 심히 좋았더라"라고 선포하고 있다. 이에 대해 나눠보자.

6 진화론은 '존재'에 대한 도전이다. "나는 하나님이 창조하신 존귀한 하나님의 형상인가? 아니면 개나 소와 다를 바 없는 고깃덩어리인가?" 이것이 진화론과의 싸움의 본질이다. '존재에 대한 싸움'이라는 면에서, 진화론은 모든 싸움의 기초며 근원이다. 이 말에 대해 기도하며 더 깊이 묵상해보자.

06 황금만능주의

[마 6:24] 한 사람이 두 주인을 섬기지 못할 것이니 혹 이를 미워하고 저를 사랑하거나 혹 이를 중히 여기고 저를 경히 여김이라 너희가 하나님과 재물을 겸하여 섬기지 못하느니라

이번 장에서는 황금만능주의에 대해 살펴보자. 시대의 흐름들은 각각 따로따로 흐르는 것이 아니라 서로 영향을 주고받으며 얽히고설켜 복잡한 흐름을 만든다. 그리고 결국에는 하나의 큰 흐름으로 만나게 되는데, 그것이 바로 '돈'이다.

우리는 황금만능주의의 거센 강물 속에서 살아가고 있다. 인권이 어떠니, 자유가 어떠니, 정의가 어떠니 해도 우리 시대에 사람들을 흘러 떠내려가게 하는 가장 강한 물살은 '돈'이다. 우리 눈에는 오토 트래킹 기능이 있어서, '돈 되는 일'이라면 시선이 자동적으로 그쪽을 향한다. 그만큼 돈의 흐름은 거세다.

문화 막시즘이 우리 사회를 잠식했다고 해도 그 이념의 추종자들도 자식들은 미국으로 보낸다. 모순이다. 모두가 평

등하게 사는 세상이 유토피아라 말하면서도 자식들은 황금만능주의의 본토인 미국으로 보내니 말이다. 지배계급이 어떠니, 인권이 어떠니 떠들어도, 스스로를 속이는 것일 뿐, 실제로 사람들의 마음과 생각을 지배하는 것은 '돈'이다. 그래서 예수께서도 하나님과 재물을 겸하여 섬길 수 없다고 경고하지 않으셨나!

이 장에서는 예수께 도전하는 시대의 도전자 중 특별히 '돈'에 대해 살펴보자.

1. 돈의 파워

왜 우리는 돈에 흔들릴까? 돈에는 우리의 필요와 욕구를 충족시킬 힘이 있기 때문이다. 적어도 그렇게 보인다. 그러나 정말 그럴까? 그것이 사실이라면 부자들은 모두 행복해야 하는데 그런 것 같지는 않다. 더욱이 성경은 돈이 많으면 근심도 많아진다고 말한다.

[전 5:12] 노동자는 먹는 것이 많든지 적든지 잠을 달게 자거니와 부자는 그 부요함 때문에 자지 못하느니라

[전 5:13] 내가 해 아래에서 큰 폐단 되는 일이 있는 것을 보았나니

곧 소유주가 재물을 자기에게 해가 되도록 소유하는 것이라

돈의 능력은 지극히 제한적일 뿐 아니라 돈이 많아지면 거기에는 심각한 부작용도 따라온다.

(1) 하나님이 되고 싶은 욕망

돈의 제한적인 능력과 부작용에도 불구하고 사람들은 돈에 대한 욕망을 내려놓지 못한다. 그 이유는 타락한 인간에게는 '하나님이 되고 싶은 욕망'이 있기 때문이다. 그리고 돈은 '하나님이 되고 싶은 욕망'마저 채워줄 힘이 있어 보인다. 하나님이 되고 싶은 욕망이란 내가 원하는 것은 무엇이든 하고 싶은 욕망이다. 사람도, 세상도 내가 원하는 대로 움직이고 싶은 욕망이다. 하나님이 되고 싶은 것이다. 그리고 돈은 이런 인간의 욕망을 충족시켜줄 수 있다고 유혹한다.

돈은 일차적으로 우리 육체의 '필요'를 채워준다. 돈으로 먹을 것을 사고, 집세를 낸다. 예수께서는 이것을 악하다고 하신 적이 없다. 오히려 성실하게 일해서 먹고살 돈을 스스로 벌라고 하셨다(살전 4:11). 그런데 문제는 선을 넘어갈 때 생겨난다. 육체의 필요가 채워진 후에도 사람의 욕망은 멈추지 않는다. 이제는 돈으로 '마음의 불안'을 해결하고 싶어 한다. 이때부터 돈은 육체의 필요를 채우는 것을 넘어서 우리 '마음'의 영

역으로 들어온다. 여기서부터 문제가 시작된다. 예수께서만 주실 수 있는 마음의 '평강'과 '기쁨'을 돈으로 채우려 하기 때문이다. 이것은 우상이다.

그런데 돈은 여기서도 멈추지 않는다. 그리고 기어이 우리 '영'으로까지 침범해 들어온다. '하나님이 되고 싶은 욕망'을 이루어줄 수 있다고 미혹한다. 돈은 나에게 다른 사람을 움직일 수 있는 힘을 주며, 내가 원하는 것은 무엇이든 할 수 있는 전능한 능력을 줄 수 있다고 속삭인다. 돈은 마치 내가 전능한 존재가 된 듯한 느낌을 준다. 단순히 마음의 불안을 해결하는 것을 넘어 '전능한 존재가 되고 싶은 욕망'을 부채질한다.

(2) 최종 끝판왕

돈이 지닌 이러한 강력한 파워로 인해 시대의 모든 흐름은 결국 '돈'으로 귀결된다. 인본주의는 자신이 원하는 것을 하라고 부추기지만, 하고 싶어도 돈이 있어야 할 수 있기 때문에 결국 돈을 좇게 된다.

포스트모더니즘은 어떤가? 모든 팩트를 부정하지만, 돈은 부정하지 않는다. 돈에는 나의 감정을 만족시킬 만한 힘이 있어 보이기 때문이다. 문화 막시즘도 '돈을 누가 가질 것인가?'라는 '부의 분배 규칙'을 세우는 데서 시작되었다. 막시즘을 추종하는 사람치고 돈에 관심 없는 사람을 보지 못했다. 정말 한 사람도 못 봤다. 정직하게 이야기하면 돈에 예민하기 때문에 막시즘을 추종하게 된 것이다. 돈을 초월한 '도인'이라면 자본가가 돈을 가져가든, 노동자가 돈을 가져가든, 다 헛되고 헛되다고 반응하지, 혁명을 통해 돈을 공평하게 나누자고 주장하지는 않을 것이다. 그렇기에 인권이고, 약자고 아무리 그럴듯한 이야기를 해도 다 전시용 포장일 뿐 진짜 이슈는 '돈'이다. 크리스천도 크게 다르지 않다. 교회가 타락하고 부패하는 이유 역시 많은 경우 돈이다.

(3) 돈은 영이기에 성령 충만으로만 대적할 수 있다

우리 시대의 사조들을 이해하기 위해서는 상상을 초월하는 돈의 파워에 대한 이해가 선행되어야 한다. 성경이 돈에 대해 무엇이라고 가르치는지, 크리스천은 돈을 어떻게 바라보고 관리해야 하는지 이해해야 한다.

그런데 그저 '이해'하는 것만으로는 부족하다. 돈에는 실제적인 '힘'이 있기 때문이다. 기름에 튀긴 돈가스나 튀김 같은 음식을 많이 먹으면 건강에 좋지 않다. 나는 이 사실을 잘 알고 있다. 그런데 안다고 안 먹게 되는가? 아니다. 알아도 먹는다. 이것이 '실제적인 힘'이다. 돈가스에는 실제적인 힘(?)이 있기 때문에 건강에 좋지 않다는 것을 알면서도 먹게 된다.

돈도 그렇다. 돈에는 실제적인 힘이 있기 때문에, 돈에 대해 안다고 돈의 흐름을 거스를 수는 없다. 그 힘을 거스르기 위해서는 실제적인 '힘'이 필요하다. 그리고 그 힘은 '성령 충만함'에서 온다. 그렇다. 돈의 힘을 거스르기 위해서는 성령 충만함이 필요하다.

인간의 '욕망'과 연결되어 있기 때문에 돈의 본질은 '영'이다. 돈이 '영'이라는 것은 이런 의미다. '영'이란 인간에게 '갈망', '욕망'을 불어넣는 존재다. 권력의 영은 권력을 갈망하게 하고, 음란의 영은 성적인 것을 갈망하게 한다. 그리고 돈 역시 갈망과 연결되어 있다. 그래서 바울은 이런 것들을 '세상의 영'이라 했다. 세상에 있는 어떤 것을 갈망하게 하는 영이라는 의미다.

> [고전 2:12] 우리가 세상의 영을 받지 아니하고 오직 하나님으로부터 온 영을 받았으니 이는 우리로 하여금 하나님께서 우리에게 은혜로 주신 것들을 알게 하려 하심이라

세상의 영뿐 아니라 하나님의 영, 성령도 계신다. 성령은 하나님과 하나님의 나라를 갈망하게 하는 영이다. 그런데 '돈'은 인간의 거의 모든 욕망과 연결되어 있기 때문에 '세상의 영' 중에서도 가장 강력한 영이다. 따라서 이 '돈의 영(맘몬의 영)'보

다 더 강한 영, 더 강한 갈망이 우리를 채우기 전에는 돈의 욕망을 거스를 수 없다. 그 영은 바로 성령이시다!

성령께서 우리 영혼을 하나님을 향한 더 크고 강한 갈망으로 채우실 때만 우리는 돈의 힘을 거스를 수 있다. 성령 충만! 그렇다! 맨정신으로는 돈의 흐름을 거스를 수 없다! 우리가 살아가는 사회가 자본주의 사회이기에 더욱 그렇다. 자본주의는 돈에 대한 욕망을 강화한다. 돈을 칭송한다. 결국 자본주의 사회 속에서 살아가는 우리는 성경적 가치관을 '이해'하는 것만으로는 돈의 흐름을 거스를 수 없다.

황금만능주의와의 싸움은 다른 사조들과의 싸움과는 그 본질이 다르다. 진화론이나 포스트모더니즘과의 싸움은 그 본질이 '진리'의 싸움이다. 그렇기에 성경적 진리 위에 확실하게 서면 그 흐름을 거스를 수 있다. 그러나 막시즘이나 돈과의 싸움은 그 성격이 다르다. 그것은 '진리'의 싸움이기도 하지만, 더 본질적으로는 '욕망'의 싸움이다.

욕망의 싸움이란 곧 '영'의 싸움이라는 뜻이다. 그렇기 때문에 안다고 거스를 수 있는 것이 아니다. 지식은 혼의 힘이기 때문이다. 영의 싸움에는 영의 힘이 필요하다. 그것은 성령님이시다. 성령으로 확실하게 거듭나지 않는 한, 우리는 돈의 흐름을 거스를 힘이 없다. 성령께서 우리의 진짜 필요를 채우실 분은 예수 그리스도 한 분뿐이라는 진리로 우리 영을 채우실 때 우리는 비로소 돈을 거스를 힘을 얻게 된다.

(4) 견제의 구조

개인적으로는 성령 충만함을 받아 돈의 욕망을 제어할 수 있게 된다고 하더라도 여전히 문제가 남는다. 바로 사회다. 돈이 가지고 있는 파괴적인 힘을 세속 사회 속에서는 어떻게 견제해야 할까? 세상이 성령 충만할 리는 없지 않은가? 그렇기에 한 사회 속에는 서로를 제어하고 견제할 '구조'가 필요하다. 그것이 돈의 무지막지한 힘으로부터 사회를 안전하게 지켜줄 수 있기 때문이다.

대표적인 구조는 삼권분립이다. 삼권분립은 권력을 견제하는 시스템이지만, 권력과 돈은 밀착되어 있기 때문에 돈을 견제하는 역할도 감당한다. 사법부와 행정부 그리고 입법부는 서로를 견제할 수 있어야 한다. 그렇지 않으면 타락한 인간의 끝없는 욕망은 견제 없이 파괴와 착취를 자행할 것이기 때문이다.

삼권분립뿐 아니라 금융감독이나 세법 등을 통해 인간의 욕망을 견제할 수 있는 구조적 대안이 반드시 필요하다. 인간의 타락한 욕망과 그 욕망을 부채질하는 돈의 힘을 알기에 크리스천은 독재적인 사회 시스템에 반대한다. 어떤 개인이나 조직도 무소불위의 권력을 가질 수 없는 사회구조를 지향하는 것이 성경적 가치다. 이런 구조가 무너지면 권력과 돈을 향한 인간의 만족할 줄 모르는 욕망은 착취와 그로 인한 파괴를 무한히 계속할 것이다.

2. 제한적인 돈의 능력

그렇다면 성경은 돈에 대해 무엇이라고 말할까? 무엇보다 돈에는 속이는 힘이 있다. 돈은 인간의 모든 필요와 욕망을 해결해줄 수 있다는 '환상'을 불러일으킨다. 이것이 사실이라면 부자는 모두 행복해야 한다. 그러나 현실은 그렇지 않다. 부자라고 해서 결핍이 없을까? 부부 사이의 갈등을 돈이 해결해줄 수 있을까? 돈이 있다고 자녀 문제가 해결될까? 돈이 아무리 많아도 고칠 수 없는 불치병은? 더욱이 죽음의 문제는? 돈이 죽음의 문제를 해결해줄 수 있을까? 불로장생한 부자가 단 한 사람이라도 있는가?

조금만 깊이 생각해보면 돈이 결코 전능하지 않다는 것을 알 수 있다. 돈의 능력은 '보이는 세계'에 한정될 뿐 아니라 그 보이는 세계에서도 제한적인 능력밖에 발휘하지 못한다. 특히 영혼의 문제 앞에서 돈은 아무런 힘이 없다. 사랑, 행복, 삶의 의미, 평강, 우정, 그 어떤 것도 돈으로 해결할 수 없다. 죽음은 더욱 그렇다. 돈은 보이는 세계의 필요와 욕구를 제한적으로 충족시킬 수 있을 뿐이다. 성경이 돈에 대해 말하는 것을 들어보라.

> [약 4:13-14] 들으라 너희 중에 말하기를 오늘이나 내일이나 우리가 어떤 도시에 가서 거기서 일 년을 머물며 장사하여 이익을 보리라 하는 자들아 내일 일을 너희가 알지 못하는도다 너희 생명이 무엇이냐 너희는 잠깐 보이다가 없어지는 안개니라

> [눅 12:19-20] 또 내가 내 영혼에게 이르되 영혼아 여러 해 쓸 물건을 많이 쌓아 두었으니 평안히 쉬고 먹고 마시고 즐거워하자 하리라 하되 하나님은 이르시되 어리석은 자여 오늘 밤에 네 영혼을 도로 찾으리니 그러면 네 준비한 것이 누구의 것이 되겠느냐 하셨으니

> [전 5:10-17] 은을 사랑하는 자는 은으로 만족하지 못하고 풍요를 사랑하는 자는 소득으로 만족하지 아니하나니 이것도 헛되도다 재산이 많아지면 먹는 자들도 많아지나니 그 소유주들은 눈으로 보는 것 외에 무엇이 유익하랴 노동자는 먹는 것이 많든지 적든지 잠을 달게 자거니와 부자는 그 부요함 때문에 자지 못하느니라 내가 해 아래에서 큰 폐단 되는 일이 있는 것을 보았나니 곧 소유주가 재물을 자기에게 해가 되도록 소유하는 것이라 그 재물이

재난을 당할 때 없어지나니 비록 아들은 낳았으나 그 손에 아무것도 없느니라 그가 모태에서 벌거벗고 나왔은즉 그가 나온 대로 돌아가고 수고하여 얻은 것을 아무것도 자기 손에 가지고 가지 못하리니 이것도 큰 불행이라 어떻게 왔든지 그대로 가리니 바람을 잡는 수고가 그에게 무엇이 유익하랴 일평생을 어두운 데에서 먹으며 많은 근심과 질병과 분노가 그에게 있느니라

돈은 보이지 않는 세계, 우리 영혼에는 아무런 힘을 미칠 수 없다. 오히려 부작용을 낳는다. 돈이 많은 사람은 평생을 어두운 데서 먹으며 많은 근심과 질병과 분노가 그에게 있다고 한다. 이게 무슨 날벼락인가! 행복해지려고 돈을 벌었는데 그 돈으로 인해 오히려 근심하게 되고, 건강이 망가지고, 분노하게 된다. 돈으로 인해 관계가 깨어지고, 억울해하기도 하고, 화병이 들기도 한다.

돈은 우리를 행복하게 하지 못한다. 돈은 영혼을 만족시킬 수 없다. 평강을 주지 못한다. 아니 오히려 평강을 앗아간다. 평강이 아닌 근심과 불안을 준다. 돈은 우리 영혼을 성숙하게 하지 못하고, 결정적으로 죽음의 문제를 해결하지 못한다.

그렇다. 인간에게는 돈으로 해결할 수 없는 '영혼의 문제'가 있다. 불안과 근심, 관계의 어려움, 소외와 존재적 단절, 분노와 죽음에 이르기까지 인간이 처한 문제는 깊고도 넓다. 개

나 돼지와는 다르다. 그저 좋은 음식과 좋은 집으로 행복할 수 없다. 인간은 영혼의 문제가 해결되지 않으면 행복할 수 없다. 그리고 성경은 인간이 처한 '영혼의 문제'를 '죄의 결과'라고 이야기한다. 하나님을 떠남으로써 그 영혼이 상했고 존재는 단절되어 부표하고 있다. '돈'은 이런 근본적인 문제 앞에서 아무런 힘이 없다. 오직 예수! 예수만이 영혼의 문제를 다루고 해결하신다. 예수만이 상한 우리 영혼을 새롭게 하신다.

[고후 5:17] 그런즉 누구든지 그리스도 안에 있으면 새로운 피조물이라 이전 것은 지나갔으니 보라 새 것이 되었도다

3. 예수만이 주실 수 있는 것들

예수만이 우리 영혼의 문제를 다루실 수 있다. 돈이 줄 수 없고, 예수만이 주실 수 있는 것이 있다.

(1) 평안

첫째, 평안이다. 돈은 평안을 줄 수 없다. 앞서 살펴보았듯이 돈은 오히려 불안을 가중시킨다. 돈을 잃을까봐 불안하고, 실패할까봐 불안하고, 도둑맞을까봐 불안하다. 돈이 평안을 줄 것이라 기대하지만 아이러니하게도 돈은 평안이 아니

라 불안을 가져온다. 평안은 오직 예수께서만 주신다.

[눅 24:36] 이 말을 할 때에 예수께서 친히 그들 가운데 서서 이르시되 너희에게 평강이 있을지어다 하시니

[요 14:26-27] 보혜사 곧 아버지께서 내 이름으로 보내실 성령 그가 너희에게 모든 것을 가르치고 내가 너희에게 말한 모든 것을 생각나게 하리라 평안을 너희에게 끼치노니 곧 나의 평안을 너희에게 주노라 내가 너희에게 주는 것은 세상이 주는 것과 같지 아니하니라 너희는 마음에 근심하지도 말고 두려워하지도 말라

[요 20:22] 이 말씀을 하시고 그들을 향하사 숨을 내쉬며 이르시되 성령을 받으라

예수께서는 평안, 샬롬을 주시는데 그 샬롬은 세상이 주는 것과 다르다고 하신다. 예수께서는 세상이 줄 수 없는 평안, 돈이 줄 수 없는 평안을 주신다. 그리고 그것은 보혜사 성령께서 하시는 일이다. 경험해본 사람은 안다. 불안하고 두려웠던 젊은 시절, 예수 이름을 부를 때 위로부터 임하는 놀라운 평강이 있었다. 왜 평강이 임했는지는 모른다. 그냥 평강이 임했다. 나는 이것이 약속의 결과라고 믿는다. 예수께서는 세상

이, 돈이 결코 주지 못하는 평강을 약속하셨다. 그리고 그 약속대로 그의 이름을 부르는 자들에게 평강을 주신다. 많은 믿음의 선배들이 예수께서 약속하신 평강을 누렸다. 심지어 죽음 앞에서도 평강을 누렸다!

사랑했던 한 선교사가 암에 걸렸다. 평소에 소화가 잘 안 되어서 한국에 들어와 건강 검진을 받았는데, 위암 말기였다. 수술을 받고 항암치료를 했지만, 결과가 좋지 않아 병원에 입원하게 되었다. 6인실에는 죽음을 앞둔 환자들이 누워 있었다. 살아서 퇴원하는 사람들보다 죽어나가는 사람들이 더 많았다.

그런데 이 선교사는 주위 사람들을 섬기기 시작했다. 두려움 속에 있는 환자들을 위로하고 소망으로 격려했다. 통증 속에서도 부지런히 움직이며 사람들을 섬겼다. 선교사의 밝은 표정에 모두가 위로를 받았다. 사람들은 선교사가 증상이 가벼운 사람이라고 생각했다. 그리고 얼마 뒤 선교사는 사랑하는 가족들 품에서 세상을 떠났다.

선교사가 소천하고 나서야 같은 병실 사람들이 놀라기 시작했다. '아니, 죽음을 앞둔 사람의 표정이 어떻게 그렇게 밝을 수 있었지?', '죽음을 앞둔 사람이 어떻게 항상 웃고 다녔지?', '죽음을 앞둔 사람이 어떻게 두려워하지 않을 수 있었지?', '자기도 죽음을 앞두고 있으면서 어떻게 그렇게 다른 사람들을 돌볼 수 있었지?' 하고 놀라기 시작했다. 선교사의 장례식에는 병실에 있던 불신자들이 찾아와 고마움과 놀라움을 전했다. 그리고 자신들도 그런 평강을 누릴 수 있으면 좋겠다고 고백했다.

돈이 줄 수 없는 평강! 예수께서는 이 평강을 약속하셨고, 약속을 믿는 자들에게 이 평강을 주신다. 죽음조차 앗아가지 못할 평강을 말이다.

(2) 기쁨

둘째, 예수께서는 평강과 함께 기쁨을 주신다.

[요 15:11] 내가 이것을 너희에게 이름은 내 기쁨이 너희 안에 있어 너희 기쁨을 충만하게 하려 함이라

예수께서는 우리 안에 기쁨이 충만하게 하신다. 참된 기쁨, 영혼의 즐거움이 예수 안에 있다. 성경은 이 기쁨에 대해 이렇게 이야기한다.

[시 16:11] 주께서 생명의 길을 내게 보이시리니 주의 앞에는 충만한 기쁨이 있고 주의 오른쪽에는 영원한 즐거움이 있나이다

[사 65:18] 너희는 내가 창조하는 것으로 말미암아 영원히 기뻐하며 즐거워할지니라 보라 내가 예루살렘을 즐거운 성으로 창조하며 그 백성을 기쁨으로 삼고

왜 기쁘냐고 물어도 이유를 모른다. 나는 그저 성경에 기록된 약속의 말씀을 전달할 뿐이다. 그것을 믿고 안 믿고는 당신의 선택이다. 약속을 믿음으로 취하는 자는 약속된 것을 누리고, 안 믿는 자는 누리지 못한다. 당신의 선택이다. 여기에 필요한 것은 '믿음'이다. 믿음은 하늘의 것을 이 땅으로 끌어오는 통로이기 때문이다. 믿으라. 예수께서는 충만한 기쁨과 영원한 즐거움을 주신다고 약속하셨다.

물론 돈이나 물질도 즐거움을 준다. 그러나 그 기쁨은 영원하지 않다. 돈이 주는 즐거움은 시간이 지나면 줄어들고 희미해진다. 인간의 타락으로 인해 사랑의 기쁨조차 시간이 흐르면 쇠퇴해 간다.

[마 6:19] 너희를 위하여 보물을 땅에 쌓아 두지 말라 거기는 좀과 동록이 해하며 도둑이 구멍을 뚫고 도둑질하느니라

그러나 구속받은 영혼들이 누릴 즐거움은 다르다. 충만하고 영원하다. 예수께서 주시는 '기쁨'과 늘 붙어다니는 단어는

'충만'과 '영원'이다. 돈이 주는 기쁨은 제한적이고 유한하지만, 예수께서 주시는 기쁨은 충만하고 영원하다.

(3) 영생

셋째, 예수께서 주시는 것은 무엇보다도 '영생'이다. 돈이 흉내조차 낼 수 없는 영생이다. 예수께서는 죽음을 넘어선 부활과 영원한 생명을 주신다.

> [히 2:14-15] 자녀들은 혈과 육에 속하였으매 그도 또한 같은 모양으로 혈과 육을 함께 지니심은 죽음을 통하여 죽음의 세력을 잡은 자 곧 마귀를 멸하시며 또 죽기를 무서워하므로 한평생 매여 종 노릇하는 모든 자들을 놓아 주려 하심이니

돈이 결코 해결할 수 없는 문제, 그것은 죽음이다. '죽음'은 보이는 세계가 가지고 있는 한계선이다. 보이는 것, 물질세계는 '잠깐'이다. 유효기간이 있다. 그 어떤 것도 '영원'이라는 선을 넘을 수 없다. 인간의 육신도 그렇다. 이 치명적인 위협 앞에서 인간은 머리를 조아리고 종노릇할 수밖에 없다. 그리고 원수 마귀는 이것을 교묘하게 이용한다. 예수께서는 이 치명적인 위협에서 우리를 자유케 하셨다. 부활! 그렇다. 부활이 있다! 예수께서는 부활하심으로 죽음의 권세를 극복하셨다.

크리스천에게 죽음은 끝이 아니다. 죽음은 새로운 세계로 들어가는 시작이다. 예수께서 이것을 보여주셨다.

(4) 구원

넷째, 예수께서는 구원을 주신다. '죄'는 우리의 영혼과 삶을 짓누른다. 죄에는 대가가 있다. 죄는 창조주와의 관계를 단절시키고, 나아가 이웃과의 관계도 단절시킨다. 인간의 모든 문제는 결국 죄로 귀결된다. 외로움도, 불안도, 근심도, 분노와 미움도 그리고 가장 치명적인 위협인 죽음도 모두 죄의 결과다.

[롬 6:23] 죄의 삯은 사망이요 하나님의 은사는 그리스도 예수 우리 주 안에 있는 영생이니라

예수께서는 이 죄로부터 우리를 구원하신다.

[롬 10:13] 누구든지 주의 이름을 부르는 자는 구원을 받으리라

예수의 이름에만 구원이 있다.

[행 4:12] 다른 이로써는 구원을 받을 수 없나니 천하 사람 중에 구

원을 받을 만한 다른 이름을 우리에게 주신 일이 없음이라 하였더라

돈은 우리를 구원하지 못하지만, 예수께서는 구원하신다!

(5) 새로운 삶

마지막으로 다섯 번째, 예수께서는 구원의 결과로 새로운 삶을 주신다. 변화를 주신다.

[고후 5:17] 그런즉 누구든지 그리스도 안에 있으면 새로운 피조물이라 이전 것은 지나갔으니 보라 새 것이 되었도다

돈은 사람을 바꾸지 못한다. 아니 바꾸기는 바꾼다. 더 나쁜 방향으로 말이다. "그 사람, 돈 좀 벌더니 사람이 변했어!"라는 말을 많이 들어보지 않았는가? 혹시 "그 사람, 돈 좀 벌더니 성자가 되었어!"라는 말을 들어본 적이 있는가? 나는 들어보지 못했다. 돈은 사람을 나쁜 방향으로만 바꿀 수 있다. 그러나 예수는 다르다. 참된 변화, 주위에서 칭찬하는 변화는 예수께서만 주신다.

이 시대 가장 강력한 흐름은 '돈'이다. 그리고 이 흐름을 거스를 수 있는 힘은 오직 성령 충만뿐이다. 이것은 '지식의 싸움'이기 전에 '영의 싸움'이기 때문이다. 그리고 이 '영의 싸움'에서 밀릴 때, 우리는 우리의 지식과 관점을 왜곡하기 시작한다. 돈을 사랑하고, 돈에 집착하는 스스로의 욕망을 이런저런 핑계로 정당화한다. 그리고 그런 자기기만 속에서 결국 흘러 떠내려가게 될 것이다. 성령 충만! 그것만이 돈의 흐름을 거슬러 나아갈 수 있게 한다. 돈이 아니라 성령으로 충만하라.

성경은 마지막 때 환란과 유혹과 미혹이 극심할 것이라고 경고한다. 우리의 믿음을 핍박하는 환란, 우리의 욕망을 자극하는 유혹, 그리고 진리를 왜곡하는 미혹이 도처에 도사리고 있을 것이다. 세 가지 어려움은 각각 다른 방법으로 대처해야 한다. 환란은 '믿음'으로 이겨야 한다. 환란에 굴하지 않고 믿음으로 견디며 돌파해야 한다.

반면 유혹과 싸우려면 '성령 충만'이 필요하다. 유혹은 우리 안의 갈망에서부터 시작된다. 돈에 대한 유혹은 돈에 대한 갈망에서 온다. 성령께서 우리 안에 돈에 대한 갈망보다 더 큰 갈망, 하나님을 향한 갈망을 부어주셔야 유혹을 이길 수 있다.

마지막으로 미혹이 있는데, 미혹은 '진리'로 맞서야 한다.

성경이 무엇을 이야기하는지, 그리고 우리 시대를 흐르는 사조들의 본질과 그 뿌리가 무엇인지, 진리를 정확히 이해하고 분별할 때 우리는 미혹에 흘러 떠내려가지 않을 수 있다.

기억하라. 싸우는 방법이 잘못되면 더 큰 위험에 빠질 수 있다. 미혹에 맞서 믿음으로 싸우려 하면, 그 믿음으로 말미암아 더 깊이 미혹될 수 있다. 미혹된 것을 믿으니까 말이다. 환란에 맞서 분별력으로 싸우려 한다면, 그것은 지적 유희로 흐를 뿐 실제적인 힘을 발휘하지는 못한다. 유혹에 맞서 싸우는 길은 오직 성령 충만이다. 성령의 충만함을 받으라!

함께 생각해볼 질문들

이 질문들은 스스로 생각을 정리해보고, 소그룹으로 토론하는 데 도움을 주기 위해 만들어졌다. 소그룹 토론을 위해 사용한다면, 모든 질문을 다 소화하려고 하기보다는, 필요한 질문들을 몇 가지 뽑아서 나눠보기를 권한다.

⋮

1 나에게 돈은 무엇인가? 왜 필요하며, 어떤 의미를 갖는가? 돈이 우리의 필요와 욕구를 충족시킬 것처럼 보였지만, 결국 그렇지 못하다는 것을 깨닫게 된 경험이 있는가? 나는 청지기로서의 삶을 살고 있는가?

2 '돈이 있으면 주변 상황이나 사람을 내가 원하는 대로 움직일 수 있을 텐데'라고 생각해본 적은 없는가? 이 생각이 '돈을 바라보는 나의 관점'에 대해 무엇을 말해주는가? 당신에게 돈은 어떤 의미인가?

3 '다른 이유인 줄 알았는데 결국은 돈 문제였어?'라고 깨닫게 된 경험이 있었다면 나눠보자. 실상은 단순한 '돈 문제'였는데 마치 원인이 다른 데 있는 것처럼 외면하려 했던 이유는 무엇일까?

4 돈은 우리 육체의 필요와 마음의 만족을 넘어, 결국 영의 문제까지

건드린다는 본문의 내용에 공감하는가? 우리는 왜 예수께서만 주실 수 있는 '평강'과 '기쁨'을 돈의 힘을 빌려 채우려고 할까? 돈의 본질은 '영'이기 때문에 성령으로 충만하기 전에는 돈의 욕망을 거스를 수 없다는데 전적으로 공감하는가? 막시즘과 돈은 본질적으로 '욕망의 싸움'임을 기억하자.

5 돈은 우리의 영혼에는 아무런 효력이 없으며, 오히려 부작용만 낳을 뿐이다. 사람들은 돈에서 평안을 기대하지만, 아이러니하게도 돈은 평안이 아닌 불안을 가져다준다. 이런 경험이 있다면 나눠보자. 반대로 예수께서만 주실 수 있는 평강, 약속, 기쁨, 영생, 구원 그리고 새로운 삶에 대한 경험이 있다면 나눠보자. 그것은 돈이 줄 수 있는 것과 어떻게 다른가?

6 성경은 마지막 때 환란과 유혹과 미혹의 세 가지가 극심할 것이라 이야기한다. 내가 겪은 환란, 유혹, 미혹에 대해 나눠보자. 그때 어떻게 대처했는가? 환란에 대처하는 무기는 '믿음', 유혹에 대처하는 무기는 '성령 충만', 미혹에 대처하는 무기는 '진리'이다. 혹시 각각의 처방전을 혼동해서 사용하고 있지는 않은가?

07 미혹과 확증 편향

[요일 4:1] 사랑하는 자들아 영을 다 믿지 말고 오직 영들이 하나님께 속하였나 분별하라 많은 거짓 선지자가 세상에 나왔음이라

이 장에서는 확증 편향의 문제를 다루어보려 한다. 아폴로 우주선의 달 착륙이 조작된 음모라고 말하는 사람들이 있다. 이 이야기를 처음 듣는 사람은 '뭔 정신 나간 소리야?'라고 생각할 것이다. 그런데 이런 이야기를 반복적으로 듣고, 달 착륙이 조작이라고 주장하는 근거들을 계속 접하다보면 '그럴 수도 있겠는데'라고 생각이 바뀐다. 그러다 어느 순간 '아! 달 착륙은 조작이구나!'라고 확신하게 된다. 이런 과정을 '확증 편향'이라고 부른다. 특정 생각을 지지하고 강화하는 정보만을 '선택적'으로 접함으로 인해 진실 여부와 상관없이 그 생각을 확신하게 되는 것이다.

확증 편향을 이해하는 것이 중요한 이유는, 이것이 이 시대에 우리를 미혹하는 주된 통로이기 때문이다. 앞서 이야기했

듯이 미혹의 본질은 '영'(spirit)이다. 그렇다면 언제 미혹의 영이 역사할까? 영의 특징은 '믿음'이다. 정말로 믿으면 영의 영역으로 들어가게 된다.

어떤 사실에 미혹되는 과정을 보면, 처음에는 그냥 '그런가보다'라고 생각한다. 그러다 어느 순간, 그것을 진짜로 믿기 시작하는데, 그때부터는 영이 역사한다. '영의 영역'으로 들어가게 된 것이다. 일단 영이 역사하기 시작하면 어떤 말도, 어떤 대화도 통하지 않는다. 확증 편향을 통해 미혹된 것이다. 마귀가 사용하는 방법 중 하나가 바로 '확증 편향'이다. 사람들로 하여금 진실 여부와 상관없이 특정 사실을 믿게 만든다.

유튜브나 SNS의 알고리즘이 발달하면서, 대개 내가 관심을 가지는 종류의 소식만 골라서 보게 된다. 일반 언론도 마찬가지다. 내가 관심을 가지고 본 뉴스가 있으면 그쪽 성향의 뉴스만 골라서 보여준다. 그러다보니 반대되는 뉴스나 정보는 접하지 못하게 되고, 한쪽 방향의 정보가 전부인 것처럼 인식하게 된다. 그리고 그 과정에서 내가 알고 있는 것이 '사실'이라는 확신이 더욱 강해진다.

이것이 우리 시대에 마귀가 사람들을 미혹하는 주된 방식이다. 이러한 확증 편향은 포스트모더니즘, 문화 막시즘 등 우리 시대의 사조들을 등에 업고, 우리를 진리에서 흘러 떠내려가게 하는 데 크게 일조한다.

1. 확증 편향의 정의

확증 편향(Confirmation Bias)의 정의는 다음과 같다.

> 자신이 이미 가지고 있는 신념, 의견 또는 가정을 강화하거나 확인해주는 정보만을 선호하거나 받아들이고, 그에 반하는 정보는 무시하거나 과소평가하는 인지적 편향

확증 편향은 예전부터 존재해왔지만, 유튜브나 포털 사이트에서 각 개인에 맞게 '맞춤형 정보'를 알고리즘으로 선택해 주면서 더욱 심각한 사회현상으로 부상하게 되었다.

(1) 주요 특징

확증 편향의 주요 특징은 다음과 같다.

선택적 정보 수집

확증 편향의 첫 번째 특징은 선택적 정보 수집이다. 자신이 기존에 믿고 있는 사실을 지지하는 정보만 찾아보고, 그에 반하는 정보는 외면하거나 회피한다. 이러한 경향은 뉴스나 정보를 찾아주는 AI 알고리즘의 발전과 더불어 더욱 심각해졌다.

정보만이 아니다. 성경을 읽거나 설교를 들을 때도 그렇다.

내 생각을 지지해주는 구절, 내 생각과 일치하는 설교를 은혜 받았다면서 받아들인다. 반대되는 생각은 불편해하거나 그냥 생각 없이 넘어간다. 그러니 성경을 읽어도 영적인 성장이 일어나지 않는다. 기존에 믿고 지지하던 교리만을 강화할 뿐, 새로운 메시지를 통해 회개에 이르지 못한다.

정보 해석의 편향

두 번째, 정보 해석의 편향이다. 같은 정보를 접하더라도 자신의 신념을 뒷받침하는 방식으로 '해석'한다. 설교도 그렇다. 설교를 들을 때 사람들은 모두 자기에게 유리한 방식으로 들은 말씀을 해석하고 적용한다. 나도 내 설교에 대한 사람들의 반응을 듣고, "제가 그런 설교를 했어요?"라고 깜짝 놀란 적이 여러 번 있다.

기억의 편향

세 번째, 과거의 경험이나 정보를 기억할 때 자신의 신념에 부합하는 것만 기억하고, 그렇지 않은 것은 잊거나 왜곡하여 기억한다. 기억 자체를 왜곡한다는 점에 그 심각성이 있다.

(2) 확증 편향의 실례들

그렇다면 우리 사회에서 쉽게 발견할 수 있는 실례들로는 어떤 것들을 들 수 있을까?

정치적 확증 편향

첫째, 정치적 확증 편향이 있다. 자신이 지지하는 정당이나 정치인을 긍정적으로 묘사하는 뉴스만 소비하고, 반대 의견은 무시하거나 잘못된 정보라고 간주한다. 현재 대한민국에서 확증 편향이 가장 많이 나타나는 영역이 정치 영역이라 할 수 있다. 진보적 정치 성향의 사람은 진보 매체만 찾아보고, 보수적 정치 성향의 사람은 보수 매체만 찾아본다. 그리고 그 과정에서 자신의 생각을 더욱 강화한다. 문제가 되는 것은 이렇게 확증 편향된 정보와 확신을 기초로 상대 진영을 음모론자 내지는 '또라이'라고 몰아간다는 것이다. 심지어 상대를 악마화하기도 한다.

건강과 의학

둘째, 건강 정보를 취할 때도 확증 편향이 나타나곤 한다. 특정 다이어트가 효과적이라고 믿으면 그 다이어트법을 지지하는 연구나 사례만 찾아보고, 반대되는 과학적 증거는 무시한다.

신앙적 확증 편향

셋째, 확증 편향은 신앙생활에도 영향을 미친다. 자신의 신앙에 부합하는 성경 구절만 강조하고, 반대되는 해석이나 다른 관점은 간과한다. 성경에 줄을 치면서 읽는다면, 어떤 구절들에 줄이 쳐 있는지 확인해보라. 거의 비슷한 맥락의 구절들에 줄이 쳐진 것을 발견하고 놀랄 것이다.

2. 확증 편향의 원인

그렇다면 이런 확증 편향의 원인은 무엇일까? 심리학자들은 확증 편향의 원인을 이렇게 분석한다.

(1) 인지 부조화 감소

첫째, 인지 부조화를 줄이기 위한 심리적 '방어 기제'로 확증 편향이 나타난다. 자신이 가진 신념과 모순되는 정보를 접하면 심리적 불편함을 느끼게 되는데, 이를 '인지 부조화'라고 명한다. 사람들은 인지 부조화의 불편함을 회피하기 위해 자신의 신념에 맞는 정보만 선택한다.

(2) 확실성 추구

둘째, 확실성의 추구다. 사람에게는 '자신의 생각이 옳다고 믿고 싶은 본능'이 있다. 이것이 선악과를 따먹게 만든 죄의 본질이기도 하다. '나는 옳다'라는 '자기 중심성'으로 인해 자신을 정당화시켜주는 정보만 선택적으로 받아들이고, 그런 방향으로 선택적으로 해석하며, 자신이 틀렸다고 말하는 정보는 부지불식간에 무시한다. 성령의 도우심이 필요한 이유다. 성령은 회개의 영이시기 때문이다.

(3) 정보 과부하

셋째, 정보의 홍수로 확증 편향을 강화한다. 많은 정보 중에서 효율적인 선택을 하려다보니 익숙한 정보나 자신에게 유리한 정보에만 집중하게 된다.

(4) 미혹의 영

여기까지는 세상에서 심리학자들이 이야기하는 확증 편향의 원인이다. 여기에 더해 '영적인 원인'이 있다. 그것은 미혹의 영이다. 미혹의 영이 확증 편향을 강화시킨다. 확증 편향에는 확실히 영적인 원인이 있다. 처음에는 알고리즘이나 심리적 원인에서 시작되지만, 이 편향적 확신이 어느 선을 넘어가면 '영'이 된다. 영은 '믿음'을 통해 역사한다. 진짜로 믿기 시작하면, 미혹의 영에 사로잡히게 된다. 그리고 이렇게 되면, 논리적인 대화가 불가능해진다. 이것이 정말 무섭다. 그 전에 확증 편향의 위험에서부터 빠져나와야 한다.

3. 확증 편향이 야기하는 문제

확증 편향이 문제가 되는 것은, 첫째, 진리를 왜곡하기 때문이다. 객관적인 사실을 인지하지 못하고, 왜곡된 현실을 사실로 인지한다. 모든 정보나 현상들을 자신의 기존 신념을 강화하고 지지하는 쪽으로 해석하고 인식하여 기존의 생각을 계속해서 강화한다. 그 결과, 타인과의 소통이 어려워지고 고립과 갈등이 생겨난다. 이런 현상은 대화를 어렵게 만들고, 사회를 극단적인 양극화로 치닫게 한다. 강한 확신과 확신이 충돌하는데, 그 진위를 판단하고 갈등을 중재할 '사실', '팩트'는 사라지고 없다. 각 사람이 인식하는 '팩트'가 일치하지 않는다. 서로 다른 세상에서, 서로 다른 팩트에 기초해 대화하기 때문에 소통이 불가하다.

4. 확증 편향의 극복 방법

그렇다면 이런 확증 편향을 어떻게 극복할 수 있을까?

(1) 다양한 관점 탐색

확증 편향의 위험에서 벗어나기 위해서는 첫째, 자신의 신념에 반대되는 정보도 적극적으로 찾아보고 열린 마음으로 검토해보아야 한다. 다양한 정보를 접해야 한다. 확증 편향성을 극복하기 위해서는 이러한 노력이 가장 중요하다.

예를 들어보자. 지난 몇 년간 한국 사회를 시끄럽게 하고 있는 이슈 중 하나는 '부정선거'다. 한편에서는 부정선거라는 단어만 사용해도 '음모론자'라고 맹공을 퍼붓는다. 그런데 다른 편에서는 부정선거를 믿거나 의심하는 사람이 점점 늘어나 국민의 50퍼센트 이상이 이상하다고 생각한다.

예민한 부정선거 이야기를 꺼낸다고 긴장하지 말라. 확증 편향이 만들어내는 극단적 대립 현상이 얼마나 심각한지를 살펴보기에 더없이 좋은 예라서 언급하는 것이지, 부정선거의 진위 여부를 논하려는 것이 아니다. 여기서 말하려고 하는 것은 '태도'에 관한 것이다. 자신과 의견이 다른 사람을 대하는 크리스천의 태도 말이다. '확증 편향'에 빠지게 되면 자신과 의견이 다른 사람을 과도하게 공격하게 된다는 사실을 인식할 필요가 있다. 미혹은 항상 '분노'로 우리를 이끌기 때문이다. 그것은 거짓의 아비, 마귀가 하는 짓이다.

내가 틀릴 수도 있다

확증 편향을 극복하기 위해 가장 먼저 해야 할 일은 '내가 틀릴 수도 있다. 내가 확증 편향되어 있을 수도 있다'는 사실을 인식하는 것이다. 부정선거가 없다고 믿는 쪽에서는 부정선거를 믿는 사람들만 확증 편향되었다고 몰아가지만, 조심해야 한다. 부정선거를 믿지 않는 사람들 역시 거기에 부합하는 정보만 반복적으로 받아들여 확증 편향되었을 수 있다.

'부정선거 = 음모론자'라는 프레임을 반복적으로 접하다보면 그것에 확증 편향된다. 어쩌면 '부정선거는 음모론이야'라는 '음모론'을 믿고 있는지도 모른다. 그렇다면 그는 자신이 믿고 있는 것은 절대로 음모론이 아니라는, 또 다른 종류의 음모론을 믿고 있는 음모론자이다.

그렇다. 확증 편향자의 가장 큰 문제는 자신은 절대 확증 편향자가 아니고, 상대방만 확증 편향자라고 확신하는 것이다. 결코 그렇지 않다. 양쪽 모두에게 위험성이 있다. 이 사실을 인정하는 것에서부터 확증 편향의 '치유'가 시작될 수 있다. 그렇다. 이것은 정말 치유가 필요한 영역이다.

한 번도 알아보지 않았다고?

그렇기에 양쪽 모두 열린 마음으로 다양한 관점과 사실들을 알아보아야 한다. 그런데 '부정선거 이슈'의 경우에는 부정선거를 믿는 사람들보다 믿지 않는 사람들의 책임이 더 크다. 적어도 현시점에서는 그렇다. 이유는 명확하다. 찾아보지 않기 때문이다.

내가 만나본 부정선거를 믿지 않는 사람들은 대부분 한 번도 부정선거에 대해 제대로 찾아보지 않았었다. 나에게는 큰 충격이었다. '아니, 지금 대한민국을 두 쪽으로 나눈, 이 중요하고도 엄청난 사건을 상대방 입장에서 한 번도 찾아보지 않았다고?' 부정선거가 사실인지 아닌지가 문제가 아니라, 한 번도 제대로 찾아보고 알아보지 않았다는 바로 그 사실이 우리 사회를 파멸로 치닫게 만드는 진짜 원인이다.

확증 편향을 벗어나기 위한 첫걸음은 내 입장과 반대되는 정보를 진지하게 알아보는 것이다. 찾아보고, 들어보아야 한다. 이것이 안 되면 확증 편향에서 벗어날 수 없고, 그런 사람들이 많아지면 그 사회는 파멸로 치닫게 된다. 일단 진지하게 찾아보라. 그런 다음 그 정보가 사실인지 아닌지를 객관적으로 검증해야 한다. 검증은 두 번째 단계에서 할 일이다. 일단 찾아보고 들어보라. 상대방의 입장에서 말이다.

예를 들어 "부정선거에 대한 것은 이미 대법원에서 다 검증을 했고 결과도 나왔어. 그런데도 우기는 사람들은 또라이, 음모론자들이야!"라고 말한다면 오케이. 그렇게 말할 수 있다. 그런데 그렇게 말하려면 먼저 정확하게 정보를 찾아보았어야 한다.

'도대체 대법원에서 다 검증했고, 결과도 다 나온 것을 저 사람들은 왜 저렇게 믿지 못하지?' 그들이 말하는 근거가 무엇인지, 그리고 실제로 대법원에서는 무엇이라고 판결했는지, 다 찾아보아야 한다. 상대방의 입장에서 말이다. 내가 주로 보는 매체로는 안 된다. 그 매체로 확증 편향되었는데, 다시 그것으로 찾아본다면 확증 편향만 가중시킬 뿐이다. 상대방이 말하는 매체를 통해 확인해보아야 한다.

'저 사람들은 음모론자야'라는 음모론

그런데 찾아보지 않았거나 대충 찾아보고는 자신과 의견이 다른 사람에게 음모론에 빠진 확증 편향자라고 말한다면, 미안하지만 그렇게 말하는 사람이 확증 편향자일 가능성이 높다. '저 사람들은 음모론자야'라는 '음모론'에 빠진 것이다. 물론 부정선거를 주장하는 사람들에게도 확증 편향의 위험이 있겠지만, 그들만 음모론자, 확증 편향자가 아니라 반대편이 주장하는 정보를 진지하게 찾아보지도 않고 그런 말을 하는 그가 확증 편향자요 음모론자일 수 있다. 먼저 이것을 인식하는 것이 중요하다.

이러한 작업을 하지 않고 이렇다 저렇다 말하는 크리스천이 있다면, 그는 회개해야 한다. 나라가 두 쪽이 났는데 아직도 찾아보지 않았다고? 도대체 어떻게 그렇게 무책임할 수가 있는가? 그러면서 반대 주장을 하는 사람들을 '확증 편향에 매몰된 음모론자'로 치부한다고? 그것은 크리스천으로서 지극히 잘못된 태도다. 상대에 대한 최소한의 예의도, 인간에 대한 최소한의 존중도 없는, 무례하고 무책임한 태도다.

충분히 찾아본 후에 그것을 받아들일지 말지는 개인의 선택이고 자유다. 그 선택은 존중받아야 한다. 개인의 사적 영역에 속한 것이기 때문이다.

태도

판단이 섰다고 해도 나와 다른 의견을 가진 사람을 함부로 비방하거나 '꼴통', '망상증 환자'로 몰아가서는 안 된다. 그것은 크리스천의 태도가 아니다. 여기서부터는 '사적 영역'이 아닌 '공적 영역'이다. 자신과 의견이 다른 사람들에 대해서 최대한 예의를 갖추어야 한다. 무례하지 않고 정중한 태도로, 분노가 아니라 사랑에 기초해서 말해야 한다. 그것이 올바른 크리스천의 태도다.

다시 한번 말하지만 우리는 누구나 틀릴 수 있다. 맞고 틀리고를 이야기하는 것이 아니다. '태도'에 관한 이야기다. 무엇을 받아들이고 믿을지는 개인의 사적 영역에 속한 일이다. 그러나 상대를 평가하기 전에 상대의 주장에 대해 충분히 열린 마음으로 알아보고, 예의를 갖추어 말하는 것이 크리스천의 올바른 태도가 아니겠는가?

기억하라. 우리 중에 확증 편향에서 자유로운 사람은 없다. 한 사람도 없다. 만약 오늘날에 성경이 쓰여졌다면, "의인은 없나니 하나도 없으며"와 마찬가지로 "확증 편향에서 자유한 사람은 없나니 하나도 없으며"라고 했을 것이다. 열린 마음으로 찾아보라. 그렇게 하지 않을 때 우리는 누구 한 사람 예외 없이 확증 편향의 함정에 빠지게 된다.

(2) 비판적 사고

확증 편향성을 극복하기 위해서는 비판적 사고가 필요하다. 열린 마음으로 정보를 알아보았다면, 이제 이 모든 정보를 비판적으로 분석하고, 감정적 반응 대신 논리적 근거를 찾아야 한다.

이 부분은 나의 강점이기도 하다. 자기 자랑 같아서 좀 민망하지만, 나는 수학자다. 대충 어설픈 아마추어가 아니라 서울대 수학과를 졸업했고, 수학에서는 세계 최고 대학 중 하나인 UC 버클리(Berkeley)에서 박사 학위를 받은 전문 수학자다. S급 수학자는 아닐지 몰라도 A급은 된다. 수학은 객관성이 무엇인지를 묻는 학문이다. 주관적으로 사실이라고 믿는 '믿음'이 아니라, 누가 봐도 사실인 '객관적 사실이 무엇인지'를 묻고 연구하는 학문이 수학이다. “어떤 것이 객관적 사실이라는 것을 알 수 있는 방법은 무엇인가?”를 찾고 연구하는 것이 수학의 본질이다. 사람들은 수학을 그저 숫자를 다루는 학문이라고 생각하는데 그렇지 않다. 나는 대학교 4학년 이후로 숫자를 다루어본 적이 거의 없다. 대부분의 연구가 “어떤 것이 사실이라는 것을 어떻게 알 수 있나?”라는 방법을 찾는 것이었다.

그렇기 때문에 수학자들은 ‘확증 편향성과 객관성’에 관하여는 독보적인 사람들이다. 아마 이 분야에 있어 수학자들을 넘어설 수 있는 사람은 거의 없을 것이다. 수학은 ‘객관적 진리를 찾는 학문’이기 때문이다. 모든 주관적인 진리를 배제하고, 객관적인 사실이 무엇인지를 찾는다. 찾는 방법들을 개발하고, 증명하는 방법들을 연구해왔다. 수백 년 동안이나 말이다.

전문가들의 역할

모든 전문가들에게는 그 사회가 기대하는 역할과 책무가 있다. 경제학자에게는 나라의 경제를 해석하고 운영할 책무가 있고, 법학자에게는 법을 적용하고 판단할 책무가 있다. 모든 사람이 그것을 할 수는 없다. ‘소비자물가지수’니, ‘외환유동성’이니 하는 지표들은 전문가가 아니면 그 정확한 의미와 해석 그리고 적용에 대해 알기 어렵다. 그것을 해석하고 결정하는 것은 경제 전문가들의 책무다. 법도 그렇다. 비전문가가 법을 다투는 재판에서 정확한 해석과 적용을 이끌어내기는 어렵다. 비전문가의 상식 수준을 뛰어넘는 전문성이 요구되기 때문이다.

이처럼 전문가에게는 한 사회를 세우기 위한 각각의 역할과 책무가 주어진다. '사실'과 '팩트'를 확인하는 '객관성'은 '수학'이라는 전문가들에게 요구되는 책무다. 비전문가는 분별하기 어려운 것을 수학이라는 학문의 전문가들은 분별해낼 수 있는데, 그것이 바로 '전문성'의 영역이다. 서론이 길었다. 여하튼 수학자들에게서 배우는 비판적 사고가 필요하다. 그렇다면 비판적 사고란 무엇일까?

① 모든 것을 의심하라

비판적 사고의 첫 단계는 일단 모든 것을 의심하는 것이다. 당연한 것은 하나도 없다. 모든 것을 의심해보는 것에서 시작해야 한다. 오죽했으면 수학자들이 1+1이 왜 2인지를 의심했겠는가! "그건 당연한 거야"라고 말하는 사람이 있다면 그 사람이 사기꾼이고 범인이다. 당연한 것이란 없다. 모든 것을 증명해야 한다. 비판적 사고는 모든 것을 의심하는 것에서 시작한다.

수학자들의 연구를 어렵게 만드는 가장 치명적인 요소는 '선입관'이다. '당연해!' 또는 '당연히 불가능해!'라고 생각하는 것들이 새로운 진리를 보지 못하게 막는 가장 큰 장벽이다. 이것부터 부수는 훈련을 해야 한다. 훈련받지 않은 사람들에게는 쉽지 않은 일이지만, 지금부터라도 훈련해야 한다. 그렇지 않으면 거짓의 아비인 마귀의 손에 놀아나게 된다. 당연한 것은 없다. 모든 것을 의심하는 훈련을 하라. 그래야 선입관의 함정에서 벗어날 수 있다.

② 감정을 배제하라

둘째, 비판적 사고를 위해서는 감정을 배제하라. 감정이 남아 있으면 생각이 굽어지게 된다. 미워하는 감정, 좋아하는 감정, 친구니까, 종친이니까, 경상도니까, 전라도니까, 동창이니까, 이런 것들을 모두 배제해야 비판적 사고가 가능하다.

③ 논리적으로 증명하라

셋째, 감정을 배제했다면 이제 그 정보가 사실인지 아닌지를 논리적으로 증명하라. 이에 도움이 되는 수학적(논리적) 증명 방법 몇 가지를 소개한다.

직접증명(Direct Proof) : A이면 B이고, B이면 C이고, C이면

D이다. 그러니 A가 사실이라면 D도 사실이다. 이런 증명법이다. 주로 3단 논법에 기초한다.

반증법(Proof by Contradiction) : 현실에서 유용하게 쓰일 수 있는 증명법인데, 일단 그것이 사실이 아니라고 가정해본다. 그러고 나서 모순을 찾는 것이다. 모순이 나온다면 처음 가정이 사실이라는 뜻이다. 여기에 대한 예는 뒤에서 살펴보자.

대우법 : 'P이면 Q이다'를 증명하는 대신 'Q이면 P이다'(Q가 아니면 P가 아니다)를 증명하는 것이다. 'P이면 Q이다'와 'Q가 아니면 P가 아니다'는 논리적으로 같은 뜻이기 때문이다.

예를 들어 '사과는 과일이다'와 '과일이 아니라면 사과일 수는 없다'는 논리적으로 같은 말이다. 'P이면 Q이다'가 참이면 'Q가 아니면 P가 아니다'도 참이고, 'P이면 Q이다'가 거짓이면 'Q가 아니면 P가 아니다'도 거짓이라는 것이다. 단순하고 당연한 논리 규칙임에도 여기서 실수하는 사람들이 생각보다 정말 많다. 어감이 다르기 때문이다.

예를 들어보자. "선관위가 문제가 없다면 감추지 않을 것이다." 이 말에는 다들 쉽게 동의한다. 그런데 "감추는 것을 보니 선관위가 범인이다"라고 말하면 거부감이 든다. "선관위가 범인이다"라는 '단정적인' 말이 불편하고 걸리는 것이다. 논리에 인간의 선입관과 감정이 작용한 결과다. 사실 같은 말인데 말이다. 그렇기 때문에 감정을 배제하라고 한 것이다.

수학적 귀납법(Mathematical Induction) : 유용한 증명법이기는 하나, 일반적인 사회현상에 적용하기에는 한계가 있다.

반례(Counterexample) : 주어진 사실에 반대되는 예를 찾음으로써 그 사실이 거짓이라는 것을 증명하는 방법이다. 예를 들어, "모든 사과는 빨간색이다"라는 명제가 틀렸다는 것을 증명하기 위해서는 "파란색 사과가 존재한다"는 반례를 들면 된다.

이중에서 비판적 사고를 위해 가장 사용하기 쉽고, 또 많이 사용되는 '반증법'에 대해 살펴보자. 먼저 가설을 세우라. 이 때 올바른 가설을 세우는 것이 중요하다. "만약 이런 것이 사실이라면, 이런저런 현상이 나타나야 한다"와 같은 가설을 세우는 것이다.

예를 들어보자. 내가 군대 시절 실제로 겪은 일이다. 장교로 훈련을 받고 있었는데, 훈련병이 약 300명 정도 되었던 것 같다. 야간 훈련을 마치고 오면 보통 야식으로 컵라면과 소보로빵을 준다. 하루는 야간 훈련을 마치고 왔는데, 컵라면과 소보로빵을 주지 않았다. 난리가 났다. 훈련을 담당했던 교관 소대장에게 가서 물었다. "왜 컵라면과 소보로빵을 안 줍니까?" 그랬더니 "이번에는 보급이 안 나왔어"라는 것이다. 이상하다고 생각하고 그냥 잠자리에 들었다.

그런데 다음 날 보니 다른 소대에서는 먹었다는 것이다. 어떤 소대는 야식으로 컵라면과 소보로빵을 먹었는데, 우리 소대는 보급이 안 나왔다는 것이다. 금세 소문이 돌기 시작했다. "소대장이 보급 나온 것을 삥땅쳤다!" 군대에서 제일 예민한 것은 먹는 것이다! 소문이 거세지자 급기야 교관 소대장이 전체를 모아놓고 경고했다. "이런 헛소문 퍼뜨리는 놈 누구야? 한 번만 더 이런 헛소문 퍼뜨리는 놈이 있으면 가만두지 않을 거야! 퇴소당할 수도 있어!"라고 위협했다.

그런데 용감한 사람이 있었다. 다시 교관 소대장을 찾아가서 따졌다. "소대장님, 보급 장부가 있을 것 아닙니까? 그거 보여주시면 소문이 잠잠해질 겁니다. 보급 장부도 있고, 보급 받아서 사인한 병사도 있을 것 아닙니까? 그거 보여주시면 더 이상 소문이 돌지 않을 겁니다." 그런데 소대장이 장부를 안 보여준다. "네가 뭔데 그걸 보자고 해? 미쳤어?"라는 야단만 잔뜩 맞고 쫓겨났다. 그런데 그럴수록 소문은 더 무성해져 갔다. 소대 전체가 음모론을 믿는 '확증 편향자'가 되었다!

이런 경우 어떻게 진실을 알 수 있을까? 먼저 가설을 세워야 한다. "만약 교관 소대장의 말이 사실이라면, 보급 장부를 보여줌으로써 헛소문을 잠재우고 비난을 피할 것이다." 합리적인 가설이다. 그러나 반대로 교관 소대장이 거짓말을 하고 있다면? "그는 끝까지 장부를 안 보여주거나, 장부를 조작할 것이다."

필요하다면 더 세부적인 가설을 세워야 할 수도 있다. "만약 장부를 조작했다면 그 사실을 어떻게 알 수 있을까?" 분명 지운 흔적이 있을 것이다. 또 장부 말고도 야식을 수령한 병사가 있을 것이니 증인을 찾아보면 된다. 이런 가설들을 세워 하나씩 확인해나가는 것이다.

다행히 우리 경우는 며칠 뒤에 교관 소대장이 자수(?)했다. 교관 소대장들이 배고파서 야금야금 먹었다고 말이다. "장부를 안 보여준다면 그놈이 범인이다"라는 가설이 맞았던 것이다. 이런 것이 비판적 사고다. 올바른 가설을 세우고 그것을 확인해보라. 이것을 '반증법'이라고 한다.

'반례'를 찾는 것도 좋은 방법이다. 절대로 일어날 수 없는 일이 일어났다면 그것은 누군가 거짓말을 하고 있는 것이고, 그 일을 믿는 사람들은 확증 편향되어 있다는 증거다. 그래서 나는 '확률'을 계산하는 방법도 사용한다. 그런 사건이 일어날 확률이 얼마나 되는지를 계산한다. 나는 사람을 믿지 않는다. 숫자를 믿는다. 또 확률은 신뢰하지만, 통계는 잘 신뢰하지 않는다. 숫자를 다뤄본 사람으로서 말하는데, 통계는 사람의 손을 탈 여지가 많다. 어떤 질문지를 사용할 것인지, 표본 집단을 어떻게 선택할 것인지 등에 따라 다른 숫자가 나온다. 따라서 통계보다는 확률이 더 신뢰할 만하다.

그런데 미혹이라는 것이 참 무섭다. 미혹은 영이기 때문에 미혹되고 나면 논리적인 대화가 불가능하다. 일전에 어떤 분이 잘못된 정보를 믿고 계시기에 확률을 설명해드렸다. "그건 이렇고 저래서 그것이 일어날 확률이 0입니다." 그러자 이분이 "어? 그거 이상하네"라고 하시더니 "에이, 그래도 그럴 리가 없어요!"라고 반응하셨다. 그래서 다시 설명을 해드렸다. "아니, 그게 아니고요, 수학적으로 일어날 수 없는 일이라는 뜻입니다." 그랬더니 다시 보시면서 "어? 그거 이상하네"라고 하시더니 "에이, 그래도 그럴 리가 없어요!"라고 하시는 것이 아닌가. 결국 대화를 포기했다. 미혹은 영이다. 확증 편향은 무섭다.

(3) 메타 인지 활용

마지막은 메타 인지의 활용이다. 쉬운 말로 '자기 성찰'을 하라는 것이다. 자신의 생각 과정을 성찰하며, 특정 신념에 지나치게 집착하지 않는지 자문해보는 것이다.

내가 서 있는 곳이 어디인지를 파악하라

이를 위해서는 첫째, 나의 생각이 사실, 팩트에 기초하고 있는지를 물어야 한다. 사람들은 모두 자신이 중립적인 위치에 있다고 믿는다. 저 사람이 왼쪽으로 치우쳤고, 저 사람이 오른쪽으로 치우쳤지, 나는 중립에 서 있다고 믿는다. 정말 위험한 생각이다. 우리는 항상 내가 서 있는 위치가 어디인지를 끊임없이 묻고 의심해야 한다.

사람들은 모두 자신이 0(중립)에 서 있다고 생각한다.

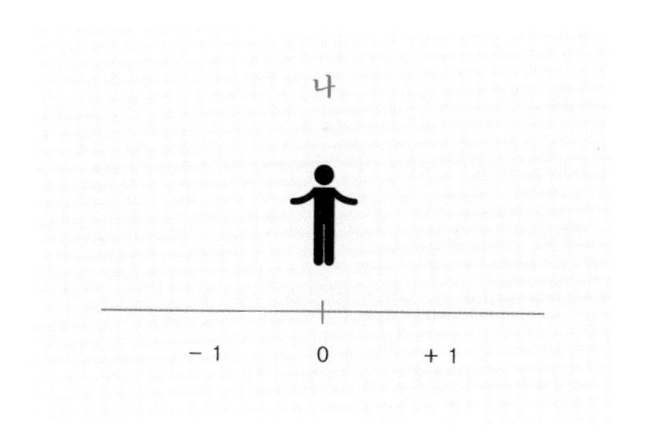

그런데 +1에 서 있으면서 자신이 0에 서 있다고 착각하면 어떤 일이 벌어질까? 0에 서 있는 사람이 마치 -1에 서 있는 듯이 보일 것이다. 반대로 실제 내 위치가 -1인데, 0에 서 있다고 착각하면, 0에 서 있는 사람이 마치 +1에 서 있는 듯이 보일 것이다.

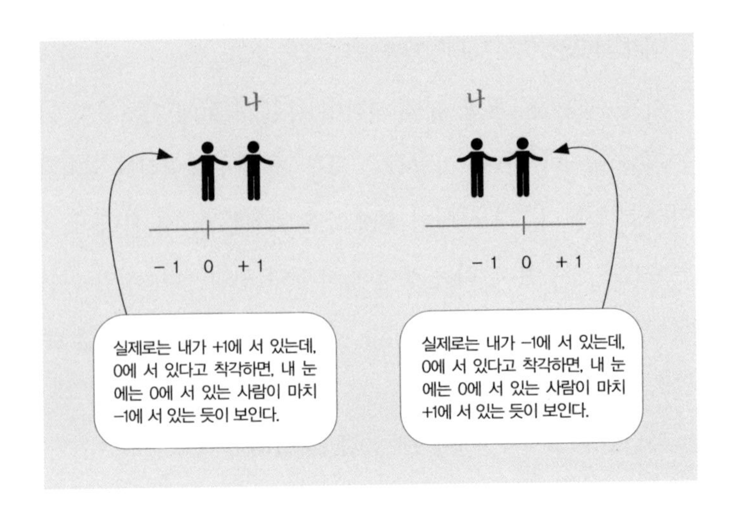

0의 위치에 서 있는 사람은 동일한데, 내가 서 있는 위치에 따라 어떨 때는 그 사람이 왼쪽으로 치우친 사람으로 보이고, 어떨 때는 오른쪽으로 치우친 사람으로 보이기도 한다. 내가 서 있는 위치에 따라 정상적인 사람이 이상한 사람으로 보이기도 하고, 이상한 사람이 정상적으로 보이기도 한다. 내가 서 있는 위치에 따라 진실을 말하는 사람이 거짓말쟁이처럼 보이기도 하고, 정상적인 사람이 음모론자나 확증 편향자로 보이기도 한다. 이것이 확증 편향성 또는 미혹이다.

그렇다. 이는 모두 상대적인 것이다. 내가 어디에 서 있는가에 의해 그렇게 보이는 일종의 '착시현상'이다. 그렇기에 중요한 것은 내가 어디에 서 있는지를 아는 것이다. 내가 서 있는 곳은 어디인가? 내 생각은 객관적이고 중립적인가? 혹시 내가 틀렸기 때문에 저 사람이 틀린 것으로 보이는 것은 아닐까? 이것을 끊임없이 물어야 한다.

나의 사고와 판단은 팩트에 기초하고 있는가?

그렇다면 내가 서 있는 곳이 편향되지 않은 중립(-1이나 +1이 아닌 0)이라는 사실을 어떻게 알 수 있을까? 내 사고와 판단이 확증 편향되지 않고 중립적이란 사실을 어떻게 확인할 수 있느냐는 것이다. 이를 위해서는 첫째, 나의 사고와 판단이 '팩트에 기초했는가'를 물어야 한다. 해석과 견해는 유동적이다. 중립이라는 것이 없다. 그러나 팩트는 고정값이다. 달라지지 않는다. 우리 생각의 영점을 잡아주는 것이 팩트다. 이것을 집요하게 확인해야 한다. 내가 가지고 있는 정보는 정확한 팩트에 기초하고 있는지를 물어야 한다. 자신의 생각에 대해 얼마나 엄밀하게 팩트 체크를 하고 있는가? 이것이 생각보다 쉽지 않다. 그래서 앞서 말했듯이 가설을 세우고 그것을 검증하라는 것이다.

나의 생각은 일관성이 있는가?

둘째, 나의 생각과 판단이 일관성이 있는지 검토해보아야 한다. 나는 일관성 있는 기준과 원칙에 의해 사고하고 판단하는지 돌아보아야 한다.

이것이 생각보다 많은 도움이 된다. 일관성이 없다는 것은 모든 현상을 '나'를 중심으로 해석하고 있다는 뜻이다. 내가 하면 로맨스, 남이 하면 불륜, 내로남불이다. 자기가 시간을 질질 끌고 있으면서, 다른 사람에게 시간 끈다고 화를 낸다. 메타 인지가 안 되는 사람이다. 이런 사람은 양심에 화인을 맞은 사람이든지, 확증 편향자일 가능성이 높다.

예를 들어 북한의 김정은 정권을 축복하고, 동반자적인 자세로 가야 한다는 주장이 있다. 5.18 광주에 대해서는 그냥 넘어가면 안 된다고 하면서, 김일성, 김정은 정권에 희생된 사람들에 대해서는 왜 그렇게 관대하게 넘어가려고 할까? 5.18까지 갈 것도 없다. 세월호나 이태원 사건에 대해서는 철저하게 책임을 물어야 한다고 하면서, 왜 북한 사람들의 인권과 목숨은 그냥 의미 없는 숫자로 취급할까? 이것이 과연 일관성 있는 판단일까? 왜 다른 잣대를 사용하고 있는 걸까? 만약 이런 태도를 취하는 사람이 있다면, 그는 위선자이거나 미혹된 사람이다. 아니면 누군가의 지령을 받고 있는 사람일 것이다. 크리스천은 사고와 판단의 기준에 있어서 일관성이 있어야 한다.

이 외에도 전문 수학자들이 사용하는 방법들이 있지만, 너무 전문적인 것이라 소개에 한계가 있다.

결론

미혹은 영이다. 그러나 처음부터 미혹의 영이 역사하는 것은 아니다. 편향된 정보에 반복적으로 노출될 때, 그리고 그것에 기초해 특정 정보를 사실로 믿기 시작할 때, 우리는 확증 편향이라는 미혹의 영에 사로잡히게 된다.

기억하라. 마귀의 무기는 거짓이다. 크리스천은 항상 진리에 기초해야 한다. '나는 절대 그렇지 않아'라는 교만을 조심하라. 누구도 예외일 수 없다. 참된 크리스천이라면 겸손하게 자신을 돌아보고, 상대방의 의견을 귀 기울여 들으며 진실이 무엇인지 진지하게 찾아보는 책임 있는 자세가 있어야 한다. 그것이 미혹의 영으로부터 우리를 지켜줄 것이다.

함께 생각해볼 질문들

이 질문들은 스스로 생각을 정리해보고, 소그룹으로 토론하는 데 도움을 주기 위해 만들어졌다. 소그룹 토론을 위해 사용한다면, 모든 질문을 다 소화하려고 하기보다는, 필요한 질문들을 몇 가지 뽑아서 나눠보기를 권한다.

⋮

1 스스로를 돌아볼 때, 평소 자신을 보호하고 지키려는 에너지가 얼마나 크다고 생각되는가? 당신은 자신의 사고방식이나 논리, 주장을 지키려는 성향이 강하지는 않은가? '인지 부조화 회피 심리'라는 말을 들어보았는가? 인간에게는 자신의 생각이나 판단을 정당화시키고 싶은 본능이 있다. 이것이 선악과를 따먹은 원죄와 어떤 관계가 있을지 생각해보라.

2 '확증 편향'의 정의를 다시 한번 읽어보라. 확증 편향이란 무엇인가? 확증 편향에서 자유로운 사람이 있을까? 특히 요즘처럼 인터넷 알고리즘이 맞춤형 정보를 제공하는 시대에 말이다. 선택적 정보 수집, 정보 해석의 편향, 기억의 편향 등과 같은 특징들을 자신의 말로 설명해보라. 확증 편향이 생기게 되는 심리적 원인에 대해서도 생각해보라.

3 주변에서 확증 편향으로 인해 대화가 단절되고 갈등을 겪었던 경험

이 있다면 나눠보자. 서로 다른 확신을 가지게 되었던 이유가 무엇이었다고 생각되는가? 이를 극복하기 위해서는 어떻게 해야 할까? 이번 장의 내용을 다시 돌아보며 방안을 찾아보자.

4 당신 주변에서 진위를 가리기 애매한 문제를 찾아보라. 본문에서 이야기하는 비판적 사고를 적용해서, 진위를 가릴 수 있는 방법을 찾아보라.

5 포스트모더니즘이 일반화되면서, 각종 음모론이 횡행한다. 나와 의견이 다르면, 아무렇지 않게 상대방의 생각을 음모론이라 치부함으로써, 나 역시 음모론을 생성하는 데 일조하기도 한다. 특히 정치적인 문제와 결부될 때 문제가 더욱 심각해진다. 주변에 비슷한 일을 겪은 적이 있다면 함께 나눠보자.

6 '메타인지'를 단순하게 표현하면 '자기 성찰 능력'이라 할 수 있다. 이를 위해 본문에서는 '내가 서 있는 지점이 어딘지 파악하라', '나의 사고와 판단은 팩트에 기초하고 있는가?', '내 생각은 일관성이 있는가?' 등의 기준으로 자신의 생각을 돌아보도록 권장하고 있다. 내가 펼치고 있는 주장이나 생각을 이 기준을 중심으로 다시 한번 검토해보자.

PART 3

미혹의 물결을

거슬러서 진리를 사수하라

08 성경적 가치관과 사회적 책무

[암 5:24] 오직 정의를 물 같이, 공의를 마르지 않는 강 같이 흐르게 할지어다

지금까지 우리 시대를 관통하여 흐르는 사조들에 대해 살펴보았다. 그렇다면 과연 성경이 이야기하는 세계관은 무엇일까? 지금부터는 '성경적 세계관'에 대해 살펴보자.

'잘못된 것'을 깨닫는 것만큼이나 중요한 것이 '올바른 것'을 아는 것이다. 특히 한국처럼 정치적 대립이 첨예한 사회 속에서는 크리스천이 어느 편에 서야 하는지를 분별하기 쉽지 않다. 영적 지도자들조차 상반된 이야기를 한다. 선거 때가 되면 어떤 이는 야당을 지지하는 것이 하나님의 뜻이라고 말하고, 어떤 이는 여당을 지지하는 것이 하나님의 뜻이라고 말한다. 헷갈린다. 그래서 성경이 말하는 가치에 대한 정확하고 깊이 있는 이해가 필요하다.

이 장에서는 성경이 이야기하는 중요한 가치들을 살펴보려고 한다.

1. 신앙적 가치 vs 보편적 가치

(1) 복음적 책무와 사회적 책무

크리스천에게는 두 가지 책무(責務) 또는 책임이 있다. 첫째는 모든 사람에게 복음을 전해야 하는 '복음적 책무'이고, 둘째는 세상의 빛과 소금이 되어야 하는 '사회적 책무'이다.

이 두 가지는 결이 다르기 때문에 우리는 세상과 소통하는 법을 알아야 한다. 복음적 책무의 언어로는 사회와 소통할 수 없고, 반대로 사회적 책무를 다한다고 해서 복음이 저절로 전해지지는 않는다. 개인에게 복음을 전하는 것과 불의한 사회구조를 바꾸는 사회개혁의 책무는 서로 다른 책무이다.

지금은 그런 일이 없지만, 오래전 복음의 열정을 가진 사람이 절에 들어가 불상을 훼손하여 사회적 이슈가 된 적이 있었다. 복음적 책무와 사회적 책무를 구분하지 못한 대표적 사례이다. 성경은 우리에게 세상의 빛과 소금이 되라고 했지 남의 물건을 훼손하라고 하지 않았다. 불신자나 타종교인을 향한 우리의 책무는 복음을 전함으로써 그 영혼을 구원하는 '복음적 책무'이지, 그가 속한 조직을 우리 사회에서 몰아내는 것이 아니다. 그 조직이 사회적 불의를 행하는 조직이 아니라면 말이다.

크리스천은 불신자들을 향한 '복음적 책무'와 사회구조를 향한 '사회적 책무'를 분별할 수 있어야 한다. 이 책무에 따라 성경적 가치도 크게 둘로 구분할 수 있는데, 그것은 믿는 사람들 사이에서 통용되는 '신앙적인 가치'와 세속 사회 속으로 확장할 수 있고, 또 확장해야 하는 '보편적 가치'다.

예를 들어 "하나님만이 유일한 신이시다", "예수가 하나님이시다", "성령 충만" 등의 가치는 믿는 자들 안에서만 통용될 수 있는 '신앙적인 가치'다. 이 가치가 절대적 진리일지라도 이 가치를 세속 사회에 적용하여 이에 기초한 사회구조를 만들기에는 무리가 있다. 크리스천만 사는 사회가 아니기 때문이다. 반면 '자유', '사랑', '공의', '정직'과 같은 가치들은 보편적 가치에 해당한다. 사회 속으로 확장 가능한 가치들이다. 불상 훼손 사건은 '여호와 하나님만이 유일한 신'이라는 신앙적 가치를 타종교가 공존하는 사회구조 속에 적용하고자 한 데서 빚어진 사고였다. 불상을 훼손할 것이 아니라 복음을 전했어야 했다. 불신자 '개인'을 향한 책무는 복음적 책무이지, 사회구조를 바꾸는 사회적 책무가 아니기 때문이다.

'신앙적 가치'가 '복음적 책무'와 연결된 가치라면 '보편적 가치'는 '사회적 책무'와 연결된다. 이를 다음과 같이 분류해볼 수 있다.

신앙적 가치
삼위일체 하나님,
창조, 십자가 등

복음적 책무
각 '개인'에게
복음을 전함으로써
책무를 감당함

전도와 선교

보편적 가치
사랑, 정의, 자유 등

사회적 책무
성경적인 사회구조를
만들어감으로써
책무를 감당함

빛과 소금이 되는
거룩한 삶과
다양한 사회활동

(2) 전도와 사회적 책무

복음적 책무인 전도와 사회적 책무인 사회구조에 대한 책임은 다른 차원의 이야기다. 크리스천에게는 개인적인 전도의 책임과 함께 그가 속한 사회가 자유, 사랑, 공의라는 성경적인 가치가 통용되는 건강한 사회가 되도록 힘써야 할 사회적 책임이 있다. 이 사회적 책무를 수행하기 위해서는 세상 속에 적용될 수 있고, 적용되어야만 하는 '보편적인 성경의 가치'가 무엇인지를 알아야 한다.

2. 보편적 가치

성경의 보편적 가치는 크게 세 가지로 요약될 수 있는데, 그것은 사랑, 공의(정직과 공정) 그리고 자유다. 이 외에도 연합, 평화, 용서 등 중요한 가치들이 더 있겠지만, 핵심적인 가치는 이 세 가지라 할 수 있다.

(1) 자유

먼저 '자유'에 대해 살펴보자. 나는 가장 중요한 성경의 보편적 가치로 '자유'를 꼽고 싶다. 물론 사랑도 중요하고 평화도 중요하겠지만, 그것들보다 더 위에 있는 '절대가치'는 '자유'라고 생각한다. 왜냐하면 하나님께서 세상을 창조하시고 가장 먼저 하신 일이 인간에게 '자유'를 보장하신 것이기 때문이다. 선악과를 주시지 않았는가! 이것이 하나님의 통치의 시작이자 기초이며 절대조건이기 때문이다. 자유가 없으면 사랑도, 평화도, 그 어떤 것도 세워지지 않는다.

① 모든 것의 기초

사랑이 무엇인가? 그것은 "다른 사람을 선택할 수 있지만, 당신을 선택하는 것"이다. 그런데 만약 자유가 없다면 어떻게 될까? 예를 들어 한 남자가 여자를 찾아와 머리에 총을 들이대고는 "사랑한다고 말해!"라고 위협한다. 두려움에 사로잡힌 여자가 "사랑합니다, 사랑합니다"라고 말했다면, 그것이 과연 사랑일까? 그것을 왜 사랑이라 할 수 없을까? 선택의 자유가 없었기 때문이다. 자유가 없으면 사랑도 없다.

구원도 마찬가지다. 성경은 누구든지 주의 이름을 부르는 자는 구원을 얻는다고 말한다. 즉 주의 이름을 부를 '자유'가 있어야 구원이 성립된다는 것이다. 주의 이름을 부를 자유, 반대로 주의 이름을 부르지 않을 자유가 없다면, 그래서 기계적으로 주의 이름을 부를 수밖에 없도록 프로그래밍되어 있다면 구원은 의미를 잃는다. 다시 말해 자유가 없으면 구원도 없다.

사실 자유가 없으면 구원은 말할 것도 없고, 타락도 없고 죄도 없다. 생각해보라. 죄를 선택할 자유가 있으니까 '죄인'인 것이지, 선택의 자유가 없다면 '죄인'이라 말할 수 있을까? 만약 인간이 선악과를 따먹을 수밖에 없도록 프로그래밍되어 있었다면 선악과를 따먹은 것을 죄라고 할 수 있을까? 없다. 죄는 자유를 전제로 한 개념이다. 자유가 있어야 책임을 물을 수 있다. 그렇기 때문에 자유가 없으면 당연히 심판도 없다. 내가 '선택'한 것이 아닌데 그것으로 심판하신다면 하나님은 공의로운 분이 아닐 것이다. 자유가 없으면 죄도 없고, 심판도 없고, 결국 구원도 없다.

또 자유가 없으면 하나님의 통치도 없다. 하나님의 통치는 힘에 의한 강압이 아니다. 그분의 통치의 본질은 하나님의 백성이 하나님을 사랑함으로써 자발적으로 그분의 다스리심에 순종하는 것이다. 그런데 자유가 없으면 자발적 순종이라는 것도 없다. 그렇기에 자유가 없으면 하나님의 통치도 없다.

사랑도, 구원도, 하나님의 통치도, 선행도, 모두 자유를 기초로 한다. 하나님의 창조는 처음부터 '자유'라는 기초 위에 설계되었다. '자유'는 성경적 가치의 가장 기초를 이룬다. 그렇기 때문에 자유가 통제되면 신앙생활은 불가능하다. 신앙의 모든 행위는 자유를 전제하고 있기 때문이다.

② 방종 : 선을 넘은 자유

그런데 자유인 듯 자유가 아닌 것이 있다. '방종'이다. 방종이란 "내가 하고 싶은 것을 아무 제한 없이 다 하는 것"이다.

[갈 5:13] 형제들아 너희가 자유를 위하여 부르심을 입었으나 그러나 그 자유로 육체의 기회를 삼지 말고 오직 사랑으로 서로 종노릇 하라

비록 자유가 주어졌지만 사랑으로 서로 종노릇하라고 권한다. 자유는 '사랑'에 의해서 통제되어야 한다. 자유와 사랑과 공의는 삼위일체처럼 서로 얽혀 있다. 서로에 의해 통제를

받아야 한다. 자유는 반드시 사랑에 의해 통제를 받아야 하는데, 그렇지 않으면 '육체의 기회'가 되기 때문이다. 자유에는 반드시 사랑이라는 '컨트롤러'가 붙어 있어야 한다. 사랑이라는 컨트롤러가 없는 뒤틀린 자유의 예가 앞서 살펴보았던 프로이트의 주장이다. "네 감정에 충실해. 네가 하고 싶은 것을 해"라는 사조 말이다. 이것은 자유가 아니라 방종이다. '사랑'이라는 컨트롤러가 부서진, 망가진 자유이다.

③ 이상한 인권의 개념

사회적으로 이슈가 되는 '포괄적 차별금지법'을 둘러싼 공방은 이 자유에 대한 공방이다. 이 법을 주장하는 사람이나, 반대하는 사람 모두 '자유'를 두고 싸운다. 크리스천들이 이 법에 반대하는 근본적인 이유는 이 법이 성경이 주장하는 '자유'를 침해하기 때문이다. 만약 "차별금지법을 반대하다니! 동성애자들을 차별하자는 말입니까?"라고 항의한다면 그것은 오해다. 언제 기독교가 이들을 차별하자고 했는가? 당연히 차별하지 말아야 한다. 동성애자라고 해서 세금을 더 부과해서도 안 되고, 불이익을 당해서도 안 된다. 세상에서뿐만 아니라 교회 안에서도 동성애자라고 해서 따가운 눈총을 받는다든지 하는 차별이 있어서는 절대 안 된다. 동성애가 다른 죄들보다 더 특별한 죄는 아니기 때문이다. 동성애라는 죄만

안 지었을 뿐, 우리도 다른 죄를 무수히 짓고 있지 않는가! 도긴개긴이다.

포괄적 차별금지법에 반대하는 것은 '차별금지'를 반대하기 때문이 아니다. 종교와 양심의 자유를 통제하는 것에 반대하는 것이다. "동성애는 잘못된 것이다"라고 말할 수 있는 자유를 빼앗겠다는 조항에 반대하는 것이다. 크리스천에게는 우리 사회가 '신앙과 양심의 자유'를 침해받지 않도록 지켜야 할 책임이 있다. 꼭 교회를 보호하기 위해서만이 아니다. 신앙과 양심의 자유가 보호되는 것이 궁극적으로 건강한 사회를 세우는 길이기 때문이다.

한편 포괄적 차별금지법을 찬성하는 쪽도 '자유'를 말한다. 그런데 이 경우는 자유에 대한 개념이 좀 다르다. 여기서 말하는 자유는 "나는 내가 듣기 싫은 말을 듣지 않을 권리가 있다"는 자유다. 이들은 자유를 인권으로 표현하는데 현대 사조의 복잡한 흐름 속에서 '인권'은 정말 이상한 방향으로 흘러가고 있다. "나는 내가 듣기 싫은 말을 듣지 않을 권리가 있다"라는 것이 인권이라는 것이다.

이는 포스트모더니즘으로 인해 '팩트'가 아닌 '감정'이 절대권좌를 차지한 결과다. 전통적인 관점에서 인권이 침해당했다고 할 때는 '실제적인 불이익을 당했는가?', '폭행을 당했는가?'와 같은 실제 '사실'을 근거로 판단했다. 그러나 포스트모더니즘 사회에서는 감정을 중심으로 인권을 다룬다. “내 감정이 상했어요” 그러면 팩트와는 관계없이 인권이 침해당했다는 것이다.

정말 미칠 노릇이다. 상대의 감정이 상했는지 아닌지를 어떻게 알겠는가? 만약 어떤 사람이 내 얼굴을 보고, “당신 얼굴 때문에 내 기분이 상했어요”라고 말한다면 이것도 인권침해인가? 여기서 말하는 자유는 사랑과는 상관없는 자유, 그저 내가 하고 싶은 것을 제한 없이 할 수 있는 자유를 의미한다. 갈라디아서에서 말하는 ‘육체의 기회’다.

우리 사회에는 신앙의 양심상 “동성애는 죄입니다”라고 말할 자유가 있어야 한다. 포괄적 차별금지법에 반대하는 것은 ‘자유’를 지키기 위한 것이지, 차별을 지지하고자 하는 것이 아니다.

④ 자유주의 vs 전체주의

이 세상의 체제는 크게 볼 때 자유를 기초로 한 ‘자유주의’와 국가의 역할을 강조하는 ‘전체주의’로 양분되어 있다. 큰 틀에서 자본주의가 자유를 기초로 하고 있다면, 사회주의나 공산주의는 전체주의를 기초로 하고 있다. 예외적인 것이 이슬람 국가인데, 이슬람 국가의 체제는 종교적 전체주의로 분류할 수 있을 것이다.

흥미로운 것은 기독교는 항상 '자유주의' 체제에서 부흥했다는 것이다. 전체주의 국가에서 기독교가 부흥한 예는 찾아볼 수 없다. 복음은 항상 자유의 터 위에서만 꽃피울 수 있기 때문이다. 물론 자유주의를 기반으로 한 자본주의의 폐해가 있는 것은 사실이다. 대표적으로 부자는 더욱 부자가 되고, 가난한 사람은 더욱 가난해지는 빈익빈 부익부의 폐해가 심각하다. 약자들이 설 곳이 없고, 가난한 자들은 점점 더 살아가기 힘들어진다. 타락한 인간의 탐욕은 끝이 없고 잔인하기 때문이다. 바로 황금만능주의의 폐해다.

그럼에도 불구하고 나는 통제사회보다는 자유로운 사회가 성경의 가치에 더 가까운 사회라고 믿는다. 모든 잠재적 위험에도 불구하고 하나님께서 인간의 자유를 침해하지 않으셨기 때문이다. 타락의 위험성에도 불구하고 하나님은 인간에게 선악과를 주셨다. 인간을 통제하려 하지 않으셨다. 하나님이 하시지 않은 일을 인간이 할 수는 없지 않은가! 그리고 통제사회로 간다면, 과연 누가 어떻게 통제해야 그것이 의로운 통제가 될까? 결국은 '사람'이 통제할 텐데, 타락한 인간의 통제를 통해 과연 선한 사회가 만들어질 수 있을까? 의로운 통제사회란 신기루일 뿐, 현실에서는 이루어질 수 없다.

하나님은 자유로 인한 폐해를 '힘에 의한 통제'가 아니라 '사랑'으로 극복하라고 하셨다. 자유의 폐해를 극복할 열쇠로 주신 것은 자유에 기초한 사랑과 그 사랑에 기초한 '자발적 헌신'이지, 힘과 통제가 아니다. 자유의 컨트롤러는 통제가 아니라 사랑이다. 물론 인간의 죄로 인해 어느 정도의 통제는 불가피할 수 있다. 그러나 신앙 양심의 자유까지 통제하려는 시도는 반성경적이다. 그리고 역사가 주는 교훈은 일단 한번 통제사회로 들어가면, 그것을 멈추기가 쉽지 않다는 것이다.

나는 다른 가치가 자유와 충돌해서 둘 중 하나만을 선택해야 한다면, 무조건 자유를 선택하겠다. 자유와 평등이 충돌한다면 자유를 선택하고, 자유와 공정이 충돌한다 해도 자유를 선택하겠다. 자유가 이 모든 것의 기초이기 때문이다.

(2) 사랑

두 번째 가치는 '사랑'이다. 사람들이 자유를 제한하려고 하는 가장 큰 이유는 평등에 대한 집착 때문이다. 자유를 풀어놓으니 이것이 가관이더라는 것이다. 가진 자들의 억압과 착취, 부패 등. 모든 사람이 평등할 수 있는 길은 없을까? 프랑스 대혁명의 가치도 결국 자유와 평등이었다.

그런데 엄밀한 의미에서 '획일화된 평등'은 성경의 주장과는 결이 다르다. 이것이 아주 교묘하다. 평등은 일견 성경의 가치인 듯 보이지만, 성경을 깊게 읽어보라. "아내들아, 남편에게 복종하라!" 이것이 획일적 의미의 평등일까? "사환들아, 주인들에게 순종하라!" 이것이 평등일까?

사실 하나님은 만물을 '획일적으로 평등'하게 창조하지 않으셨다. 오히려 모두 다르게 창조하셨다. 다양성이 있다는 것은 기계적으로 평등할 수는 없다는 뜻이다. 만약 획일적이고 기계적인 평등이 성경적 가치라면, 장애를 가지고 태어난 아이는 어떻게 설명해야 할까? 왜 평등하신 하나님께서 장애를 가진 아이를 창조하셨느냐는 말이다. 하나님이 창조하신 세상은 '획일적이고 기계적인 평등'과는 거리가 있다.

① 평등케 하는 사랑

그렇다면 이 불평등을 어떻게 해야 할까? 그렇다. 사랑이다! 시작은 불평등했을지라도 사랑으로 그것을 평등하게 하라는 것이다. "아내들아, 남편에게 복종하라"는 이 불평등을 어떻게 해결할 수 있는가? 그렇다. "남편들아, 아내 사랑하기를 그리스도께서 교회를 사랑하시고 위하여 자신을 주심같이 하라!" 사랑으로 해결하라는 것이다. 이것이 평등케 하는 성경의 원리다.

오래전 어떤 집사님이 물으셨다. "장애를 가지고 태어난 아이의 데스티니는 무엇입니까?" 나는 잠시도 망설이지 않고 대답했다. "그 아이의 데스티니는 사랑받는 것입니다." 아무 조건 없이 사랑받는 것! 이 사랑으로 인해 모든 이가 평등케 된다. 이것이 성경적 가치다.

② 잘못된 사랑

사랑에도 컨트롤러가 필요하다. 아무것이나 사랑한다고 모두 사랑은 아니다. 예전에 어떤 분이 "마귀도 불쌍한데 사랑해야 하지 않나요?"라고 진지하게 물으신 적이 있다. 사랑의 컨트롤러는 '의'이다. 긍휼의 마음으로 아무나 사랑하는 것이 성경적 가치는 아니다. 사랑은 반드시 '의'에 기초해야만 한다. 자유의 컨트롤러가 '사랑'이라면, 사랑의 컨트롤러는 '의'다.

북한을 바라보는 관점에도 주의가 필요하다. "북한을 불쌍히 여기고 사랑하는 것이 기독교인의 올바른 태도 아닙니까?"라고 묻는다면, "Yes"이면서 동시에 "No"다. 북한에 있는 '사람들'을 사랑하는 것은 맞다. 성경적 가치다. 그러나 그곳에 있는 악한 정권까지 인정하고 존중하는 것이 성경적인 사랑은 아니다. 사랑은 '의'에 의해 컨트롤되어야 하기 때문이다.

생각해보라. 북한의 악한 정권과 시스템으로 인해 죽어가는 북한 사람들의 생명과 그들의 인권에 대해 하나님은 어떻게 생각하실까? 그것을 과연 '의'라 할 수 있을까? 우리의 근시안적인 관점에서 벗어나 하늘의 관점이 필요하다.

여호수아의 전쟁에 대해 "아니, 하나님! 어떻게 가나안 사람들을 다 죽입니까? 사랑의 하나님 맞으십니까?"라고 묻는 사람들이 있지만, 당시 가나안에 팽배했던 인신 제사를 고려한다면 이야기가 달라진다. 가나안의 인신 제사가 사라지지 않고 수십 세대에 걸쳐 지속되었다면, 인신 제사로 죽을 생명의 숫자가 여호수아 전쟁으로 죽은 사람들의 숫자를 넘어서는 것은 시간문제였다. 그러므로 여호수아의 전쟁은 '가나안 사람을 죽이는 전쟁'이 아니라 '인신 제사로 죽어갈 생명을 살리는 전쟁'으로 보아야 한다.

북한 역시 이런 관점으로 바라보아야 한다. 북한의 정권이 무너지도록 기도하는 것은 북한을 저주하는 것이 아니라, 그 정권 아래 죽어가는 생명을 살리는 관점으로 이해되어야 한다. 사랑은 반드시 '의'에 기초해야 한다. 사랑의 컨트롤러는 '의'다.

(3) 정직과 공정

세 번째 가치는 '공의', 즉 정직과 공정이다. 하나님의 공의에 해당하는 히브리어는 '미쉬파트'인데, 이는 "억울함이 없는 것"이다. 공정함은 성경적 가치다. 억울함이 없게 하는 것이다. 또 하나님은 거짓말을 하실 수 없다(히 6:18). 정직함도 성경적 가치다.

하나님은 목적을 위해 수단을 정당화하지 않으신다. 만약 하나님의 속성이 '공정'이 아니었다면 우리의 죄를 용서하기 위해 굳이 십자가를 지실 필요는 없었을 것이다. "그냥 죄 없는 것으로 해!"라고 하면 그만이다. 그러나 그렇게 하실 수 없으셨다. 하나님은 정직하고 공정한 분이시기 때문이다. 우리는 우리 사회 속에 정직과 공정의 가치가 세워지도록 노력해야 한다.

윤석열 대통령이 부정선거를 의심하며 계엄을 선포한 이후 이어진 대통령의 탄핵과 구속과 헌법재판소의 재판 과정을 보면서 '과정의 공정성'을 생각하게 된다. 사실 관계가 밝혀지기도 전에 힘으로 무리하게 현직 대통령을 구속하고, 이해할 수 없이 서둘러 재판을 진행하는 것을 보며 '이 과정이 공정한가?,' '여기에 억울함은 없는가?'를 묻게 된다. 좌우 이념이나 계엄 선포의 잘잘못을 떠나, 그 처리 과정은 과연 공정한가? 과연 하나님은 이것을 선하다고 하실까? 설령 목적이 옳다고 해도 그것이 그 과정까지 정당화할 수 있는 것일까?

또 속이고 감추는 것은 없는가? 감춰진 것은 없는가? 한 사회 속에 미스터리 한 것이 많고 '설명 안 되는 것'이 많으면 그 사회의 미래는 어둡다. 건강한 사회는 '투명'해야 한다. 국민의 절반이 무언가를 의심스럽다고 생각한다면 그것이 사실인지 아닌지를 명확하게 밝혀야 앞으로 나아갈 수 있다. 어떤 이유에서든지 명확하게 밝히지 않는다는 것은 정직하지 않은 것이다. 투명한 것은 성경적 가치다. 감추는 것은 어둠의 속성이고 마귀의 가치다. 하나님이 과연 이것을 기뻐하실까?

'공의'에도 컨트롤러가 필요하다. 공의는 율법주의로 흐를 위험성이 있다. 힘과 법을 통해 공의를 집행하려는 것이다. 그러나 예수께서는 율법주의를 거부하셨다. 하나님의 '의'는 율법이 아니라 각 사람의 자발적 헌신에 기초하기 때문이다. 이것이 '마음에 법을 기록하시는 새 언약'의 내용이다.

그렇다. 의는 '자유'에 의해 컨트롤되어야 한다. 각 사람이 스스로의 자유로운 선택에 의해 정직과 공정을 행할 때, 그것이 하나님이 기뻐하시는 '의'가 된다. 그렇지 않고 율법이나 외부적인 힘에 의해 '의'가 집행된다면 그것은 '의'라기 보다는 '억압'일 확률이 높다. 사회적 차원의 '의'는 '규제'라는 조금 다른 관점이 필요하겠지만, 적어도 개인적 차원의 의에는 '자유'가 필요하다.

이렇듯 자유와 사랑과 공의는 독립적으로 존재하는 가치가 아니라 사슬처럼 서로 연결되어 있다. 자유는 사랑에 의해 컨트롤되며 사랑은 의에 의해 컨트롤되고, 의는 다시 자유에 의해 컨트롤된다. 마치 삼위일체처럼 자유와 사랑과 공의는 함께 맞물려 존재한다.

결론

우리에게는 복음적 책무와 더불어 사회적 책무가 있다. 그것은 우리 사회 속에 성경의 보편적 가치들, 자유와 사랑과 공의를 세우는 것이다. 이것을 분별하는 것은 생각보다 쉽지 않다. 많은 기도와 성령의 조명하심이 필요하다. "내가 모든 것을 알고 있다"는 교만을 하나님 앞에 내려놓고, 다시 한번 '성경의 권위' 앞에 성령님의 도우심을 구하며 나가라. 그리고 자유와 사랑과 공의의 가치를 외치고 사회적 책무를 실현할 수 있는 용기를 하나님 앞에 구하라.

함께 생각해볼 질문들

이 질문들은 스스로 생각을 정리해보고, 소그룹으로 토론하는 데 도움을 주기 위해 만들어졌다. 소그룹 토론을 위해 사용한다면, 모든 질문을 다 소화하려고 하기보다는, 필요한 질문들을 몇 가지 뽑아서 나눠보기를 권한다.

⋮

1 이 책에서는 성경이 말하는 가치를 '신앙적 가치'와 '보편적 가치'로 나누고 있다. 신앙적 가치는 무엇이며, 보편적 가치는 무엇인지 설명해보라. 각각의 가치와 연결된 '복음적 책무'와 '사회적 책무'에 대해서도 설명해보라. 당신은 이 책무를 위해 무엇을 하고 있는가?

2 성경의 보편적 가치 중 자유가 '모든 것의 기초'가 된다는 것은 무슨 의미일까? 사랑도, 구원도, 하나님의 통치도 자유를 보장함으로 성립된다는 것이 무슨 뜻일지 생각해보라. 반면에 이러한 자유도 사랑에 의해 통제되지 않으면, 결국 '육체의 기회'가 되어버린다. 자유와 방종은 어떻게 다른가?

3 포괄적 차별금지법을 반대하는 측에서는 이 법을 '종교와 양심의 자유를 통제하는 것'으로 받아들이는 반면, 찬성하는 측에서는 '자신이 듣고 싶지 않은 말을 듣지 않을 자유를 관철할 기회'로 이해한다. 후자의 자유가 바로 갈라디아서가 말하는 '육체의 기회'가 아닌지 생각해보자.

4 자유에도 폐해가 있다. 그런데 성경에서는 이 폐해를 극복하기 위해 필요한 것은 '통제'나 '힘'이 아닌, '사랑'이라고 가르친다. 이러한 성찰의 연장선상에서 '자유주의 vs 전체주의' 대립의 문제를 생각해보자.

5 성경에서는 불평등의 문제를 어떻게 해결하라고 가르치는지 생각해보라. 성경은 '획일화된 평등'을 이야기하지 않는다. 성경은, 시작은 불평등했을지라도 사랑으로 평등케 하라고 가르친다. 그렇다면 이러한 사랑이 온전할 수 있도록 제어해주는 장치(컨트롤러)는 무엇이라고 가르치는가? 긍휼의 마음으로 아무런 기준 없이 사랑하는 것은 성경의 가치가 아니다. 사랑은 '의'에 기초해야 한다는 말의 의미를 더 묵상해보자. 이런 관점에서 여호수아의 가나안 정복 전쟁에 담긴 의미를 해석해보자.

6 공의, 다시 말해 정직과 공정에 대해 생각해보자. 공의가 제대로 집행되도록 제어해주는 장치, 즉 정직과 공정의 컨트롤러는 무엇이어야 하는가? '외부적인 힘에 의한 의'는 더 이상 '의'가 아니라 '억압'일 뿐이라는 사실에 동의하는가? '의'는 '자유'에 의해 제어되어야 한다.

09 자유 vs 통제

[요 8:31-32] 그러므로 예수께서 자기를 믿은 유대인들에게 이르시되 너희가 내 말에 거하면 참으로 내 제자가 되고 진리를 알지니 진리가 너희를 자유롭게 하리라

이번 장에서는 8장에서 다루었던 성경의 세 가지 보편적 가치 중에서 '자유'에 대해 좀 더 자세히 살펴보려고 한다. 보편적 성경 가치의 기초요 핵심이 자유인 만큼, 성경이 말하는 자유에 대한 이해는 크리스천에게 매우 중요하다.

일반인들이 카톡을 통해 가짜 뉴스를 실어 나르는 것을 처벌하겠다는 정치권의 발언이 이슈가 되었다. 과연 성경적 관점에서는 이 문제를 어떻게 해석해야 할까? 우리는 구체적인 현실에서 일어나는 일들을 성경적 관점으로 이해하고 해석하려고 노력해야 한다. "가짜 뉴스가 퍼져서 사회가 혼란스러워지니 통제하는 것이 옳다"는 주장과 "아니다. 이유가 무엇이든 자유가 보장되어야 한다"는 주장 중 어떤 것이 더 성경적인 관점일까?

미혹이 거센 시대를 살아가고 있기 때문에 우리를 둘러싸고 일어나는 현실의 일들을 분별하는 것이 쉽지 않다. 성경은 자유에 대해 무엇이라고 이야기하고 있는지, 자유의 성경적 가치를 살펴보자.

1. 자유의 성경적 가치

8장에서도 나누었지만, 자유는 공의 그리고 사랑과 함께 성경의 가장 중요한 보편적 가치 중 하나다. 많은 크리스천들이 하나님의 속성인 공의와 사랑이 성경적 가치의 기초라는 것을 인지하고 있다. 그런데 그에 못지않게 중요한, 아니 어쩌면 그보다 더 본질적인 가치인 자유의 성경적 가치에 대해서는 그만큼 명료하게 인식하고 있지 못한 것 같다. 자유는 다른 모든 성경적 가치들의 기초가 된다.

(1) 선악과

하나님께서 사람을 창조하시고 가장 먼저 하신 일이 '자유'를 주신 것이다. 선악과가 그것이다. 하나님께서는 사람에게 '선택의 자유'를 주셨다. 그리고 이 자유와 함께 하나님과 사람의 이야기가 시작된다. 성경적 인간관의 핵심은 '인간은 자유롭게 생각하고 선택할 수 있는 존재'라는 것이다. 이것이 '하나님의 형상'이 의미하는 바다.

하나님은 통제되고 구속받는 존재가 아니시다. 그분은 하고 싶으신 것을 스스로의 의지로 결정하는 분이시다. 하나님의 이름인 '여호와'는 "스스로 있는 자"라는 뜻이다. 스스로 있는 자란 무언가에 의존해서 존재하는 종속적인 존재가 아니라 스스로의 의지로 존재하는 독립적인 존재라는 뜻이다. 스스로의 자유로운 의지에 의해 존재하고, 스스로의 자유로운 선택에 의해 결정하는 존재, 스스로 있는 자, 그분이 여호와 하나님이시다.

(2) 자유와 사랑

'사랑'이라는 하나님의 대표적인 속성도 여기에 기초한다. 사랑은 근본적으로 종속적인 것이 아니다. 사랑은 주체적이고 독립적인 것이다. 만일 사랑이 다른 무언가에 종속되어 있다면, 다시 말해 사랑을 하는데 사랑 그 자체 외에 뭔가 다른 '이유'가 있다면 그것은 진정한 사랑이 아니다. 예를 들어 한 여자가 한 남자를 사랑한다. 그런데 그 사랑의 이유가 남자가 돈이 많기 때문이다. 그렇다면 그 '사랑'은 돈이 많다는 이유에서 나온 것이기 때문에 '돈에 종속된 사랑'이다. 돈이 없어지면 사랑도 사라진다. 이런 것은 성경적인 사랑이 아니다. 진정한 사랑은 그 자체로 독립적이고 주체적이어야 한다. 사랑하는 다른 이유는 없다. 그냥 내 안에서 주체적으로 다른 이유 없이 그 자체로 존재하는 사랑. 그것이 성경이 말하는 진짜 사랑이다.

그런 의미에서 사랑은 독립적이고 주체적인 행위이자 가장 자유로운 선택이다. 자유가 없으면 사랑도 없다. 하나님의 사랑이 그런 사랑이다. 하나님은 스스로 계신 분, 아무것에도 종속되지 않은 선택을 할 자유가 있으신 분이시기에 사랑을 하실 수 있다. 그래서 하나님의 사랑을 '이해할 수 없는 사랑'이라고 말한다. 왜 우리를 사랑하시는지 아무리 생각해보아도 이해가 안 된다. '왜 나 같은 걸 사랑하실까? 도대체 왜 사랑하실까?'

하나님의 사랑은 '무엇무엇 때문에' 사랑하는 종속적인 사랑이 아니기 때문이다. 스스로 계신 분이 당신의 가장 자유롭고 주체적인 선택으로 우리를 사랑하신다. 그리고 당신의 이런 형상을 따라 인간을 만드셨다. 주체적이고 독립적인 선택을 할 수 있는 존재로 말이다.

무엇무엇 때문에 하나님을 사랑한다면, 이것은 사랑이 아니다. 무엇무엇 때문에 저 남자를 사랑한다면, 재벌 2세라서 사랑하고, 스펙이 좋아서 사랑한다면 이것은 사랑이 아니다. 사랑은 다른 무언가에 종속된 행위가 아니다. 사랑은 오직 우리의 '자유'에 기초한, 주체적이고 독립적인 행위일 때만 의미를 가진다. 저 남자를 사랑할 다른 이유가 없다. 저 여자를 사랑할 다른 동기가 없다. 사랑 그 자체가 근본적인 동기일 때만 진정한 사랑이라 할 수 있다. 그렇다. 참된 사랑은 그 사랑 자체가 근본적인 동기여야 한다. 그리고 이런 사랑이 가능하기 위해서는 자유가 보장되어야 한다.

하나님께서는 인간을 그런 존재로 만드셨다. 그래서 인간을 창조하시고 가장 먼저 하신 일이 '자유'를 주신 것이다. 그것이 바로 선악이다. 태초부터 하나님은 아담과 하와에게 하나님을 선택하지 않을 자유까지 주셨다. 하나님을 선택할 '자유', 그분을 사랑할 '자유'가 주어지기 위해서는 '선택하지 않을 자유'도 주어져야 하기 때문이다. 자유는 하나님나라의 시작이며 완성이다.

(3) 하나님의 통치와 자유

하나님의 '통치'도 자유에 기초한다. 하나님은 '힘과 외부적 억압'에 의한 통치를 원하지 않으신다. 하나님이 원하시는 것은 자유의지에 따른 '내적이고 주체적인 선택과 순종'이다. 하나님을 사랑해서 자발적으로 그분께 순종하는 나라. 그것이 하나님나라의 본질이다. 그러기 위해서는 반드시 자유가 보장되어야 한다. 그렇기 때문에 예수께서는 율법주의를 무척이나 싫어하셨다. 율법은 주체적인 순종이 아니라 외압에 의한

'비자발적 순종'을 낳기 때문이다. 자유를 빼앗긴 패배자들의 순종인 것이다. 율법에 매인 자들은 영광스럽고 아름다운 자녀의 모습이 아니라 비참한 노예의 모습으로 살아간다. 그래서 성경, 특히 로마서와 갈라디아서는 율법으로부터의 자유를 이야기한다. 성령께서 죄와 사망의 '법'에서 우리를 해방하셨다는 것이다. 이것이 하나님나라의 기초다.

이뿐만이 아니다. 우정, 헌신, 충성, 자비, 긍휼 등 거의 모든 성경적 가치들은 '자유'에 기초하고 있다. 생각해보라. 만약 이런 가치들이 '종속적'이라면 어떨까? 돈에 종속된 우정? 이익에 종속된 충성? 역겨운 냄새가 나지 않는가? 성경적 가치들을 아름답고 존귀하게 하는 것은 그 기저에 자리한 '자유'다. 이 모든 것이 무언가에 매인 종속적 결정이 아니라 독립적이고 주체적인 선택일 때 우정도, 헌신도, 충성도, 자비도, 긍휼도 고귀한 의미를 간직할 수 있다. 자유는 우리의 행동과 선택이 의미를 가지게 하는 근원이며, 하나님이 행하시는 모든 일의 기초이다. 그렇기 때문에 마귀는 그토록 끈질기게 우리의 자유를 빼앗고자 한다.

[갈 5:1] 그리스도께서 우리를 자유롭게 하려고 자유를 주셨으니 그러므로 굳건하게 서서 다시는 종의 멍에를 메지 말라

2. 삼위 하나님과 자유

삼위일체 하나님은 모두 자유 안에서 자유롭게 행하신다. 성부 하나님은 자유로운 의지로 천지를 창조하셨고, 성자 예수님은 자유로운 의지로 우리를 위해 죽으셨고, 성령 하나님은 자유로운 의지로 우리 안에 내주하신다. 하나님은 스스로 계신 분이시다.

(1) 하나님의 자유

하나님이 뭔가 사정이 있어서 세상을 창조하셨다고 하는 이들이 있다. 주로 베뢰아 계열의 이단에서 하는 이야기다. 그들은 마귀를 제어하기 위해서 창조가 필요했다고 주장한다. 그렇지 않다. 이건 하나님의 사랑을 모독하는 이단적인 사상이다. 하나님은 뭔가 '사정이 있어서'가 아니라 당신의 '자유로운 선택'으로 세상을 창조하셨다. 우리를 창조하신 것은 그분의 주체적이고 독립적인 선택이셨지 '사정이 있어서'가 아니다. 그렇기 때문에 하나님의 사랑이 의미를 갖는다. 사정이 있어서 우리를 창조하셨다면 우리는 이용당하는 존재이지, 하나님의 사랑의 대상이 될 수는 없다. 하나님이 세상을 사랑하신 것은 당신의 자유롭고 주체적인 선택의 결과다. 그리고 우리에게 기대하시는 것 역시 이런 자유롭고 주체적인 결정이다. 그분은 우리가 자유롭고 주체적인 결정으로 하나님을 사랑하고 이웃을 사랑하기를 원하신다. 성경은 이것이 복음의 전부라고 이야기한다.

[마 22:37-40] 예수께서 이르시되 네 마음을 다하고 목숨을 다하고 뜻을 다하여 주 너의 하나님을 사랑하라 하셨으니 이것이 크고 첫째 되는 계명이요 둘째도 그와 같으니 네 이웃을 네 자신 같이 사랑하라 하셨으니 이 두 계명이 온 율법과 선지자의 강령이니라

(2) 예수의 구원과 자유

하나님뿐 아니라 성자 예수께서 행하신 일도 자유와 연결되어 있다. 성경은 예수께서 하신 일을 자유를 되찾아주신 일로 묘사한다. 하나님께서 주신 자유, 그 자유를 되찾아주신 것이 예수께서 하신 일이라는 것이다.

[갈 5:1] 그리스도께서 우리를 자유롭게 하려고 자유를 주셨으니 그러므로 굳건하게 서서 다시는 종의 멍에를 메지 말라

[요 8:36] 그러므로 아들이 너희를 자유롭게 하면 너희가 참으로 자유로우리라

원수 마귀가 하는 일은 하나님께서 주신 자유를 빼앗는 것이다. 인간은 죄로 인해 하나님께서 주신 소중한 자유를 원수에게 빼앗겼다.

[요 10:10] 도둑이 오는 것은 도둑질하고 죽이고 멸망시키려는 것뿐이요 내가 온 것은 양으로 생명을 얻게 하고 더 풍성히 얻게 하려는 것이라

마귀가 무엇을 도둑질하는가? 그렇다. 자유다. 원수 마귀는 하나님이 주신 소중한 자유를 도둑질함으로써 우리를 '종'으로 만든다. 자유를 빼앗으면 자유에 기초한 하나님의 위대하고 영광스러운 창조 계획이 모두 망가지기 때문이다. 생명 다해 하나님을 사랑하고, 이웃을 내 몸같이 사랑하는 고귀하고 영광스러운 창조세계가 두려움과 율법에 매여 꾸역꾸역 의무를 다하는 비참한 노예들의 세계로 전락하는 것이다. 이를 위한 마귀의 전략이 있다. 하나님이 되고 싶은 욕망을 부채질함으로써 인간들이 서로를 통제하게 만드는 것이다. 이것이 태초의 유혹이었다.

[창 3:4-5] 뱀이 여자에게 이르되 너희가 결코 죽지 아니하리라 너희가 그것을 먹는 날에는 너희 눈이 밝아져 하나님과 같이 되어

선악을 알 줄 하나님이 아심이니라

마귀는 하나님이 되고 싶은 인간의 욕망을 부채질하여 서로를 통제하게 만든다. 물론 함께 사는 사회에는 통제가 필요하다. 인간의 타락으로 인해 일정 수준의 통제는 불가피하다. 그러나 그 통제는 기본적으로 '공적 영역'에서 행해져야 한다. 국가 권력이 '사적 영역'을 통제해서는 안 된다. 사적 영역을 통제하는 것은 하나님도 하시지 않은 일을 인간이 하겠다는 지극히 교만하고 위험하고 마귀적인 발상이다. 마귀가 하는 일은 자유를 도둑질하여 우리를 '노예'로 만드는 일이다.

예수께서 이 땅에 오셔서 행하신 일은 마귀에게 빼앗겼던 자유를 되찾아주신 것이다. 자유를 빼앗고 통제하려는 '마귀의 일'을 멸하셨다.

[요일 3:8] 죄를 짓는 자는 마귀에게 속하나니 마귀는 처음부터 범죄함이라 하나님의 아들이 나타나신 것은 마귀의 일을 멸하려 하심이라

예수께서는 마귀가 도둑질했던 자유를 되찾아주심으로써 마귀의 일을 멸하셨다. 두려움으로 행하는 율법의 종에서 기쁨으로 행하는 자유인이 되게 하셨다. 이것이 예수께서 주신

구원이다. 그래서 누구든지 예수의 말씀 안에 거하면 진리를 알고, 그 진리가 우리를 자유케 할 것이라 하셨다.

[요 8:31-32] 그러므로 예수께서 자기를 믿은 유대인들에게 이르시되 너희가 내 말에 거하면 참으로 내 제자가 되고 진리를 알지니 진리가 너희를 자유롭게 하리라

(3) 성령과 자유

성령도 자유를 주시는 분이다.

[고후 3:17] 주는 영이시니 주의 영이 계신 곳에는 자유가 있느니라

성령이 임하실 때 우리는 모든 속박으로부터 벗어나 자유를 누리게 된다. 성령은 자유의 영이시다. 해방의 영이시다. 성령께서는 예수께서 되찾아주신 자유를 실제로 누리게 하시는 분이시다. 이렇듯 삼위 하나님은 모두 자유를 주신다. 하나님께서 우리에게 자유를 부여하셨고, 예수께서 죄로 인해 빼앗겼던 자유를 되찾아주셨고 성령께서 그 자유를 누리게 하신다.

3. 자유 사용 설명서

그렇다면 이 자유는 어떻게 사용해야 할까? 하나님께서 내게 자유를 주셨으니, 나는 내가 원하는 것은 무엇이든 해도 되는 것일까? 그렇지 않다. 자유에는 반드시 책임과 통제가 따라야 한다. 하나님이 주신 자유에 대해 성경은 이렇게 이야기한다.

[갈 5:13] 형제들아 너희가 자유를 위하여 부르심을 입었으나 그러나 그 자유로 육체의 기회를 삼지 말고 오직 사랑으로 서로 종노릇하라

[고전 9:19] 내가 모든 사람에게서 자유로우나 스스로 모든 사람에게 종이 된 것은 더 많은 사람을 얻고자 함이라

[고전 10:23-24] 모든 것이 가하나 모든 것이 유익한 것은 아니요 모든 것이 가하나 모든 것이 덕을 세우는 것은 아니니 누구든지 자기의 유익을 구하지 말고 남의 유익을 구하라

자유에는 반드시 '컨트롤러'가 필요한데, 그것이 바로 '사랑'이다. 사적 영역에서의 자유는 사랑에 의해 컨트롤되어야 한다. 사랑이 없는 자유는 '육체의 기회'에 불과하다. 방종에 불

과하다. 하나님이 주신 자유는 '하나님을 사랑'하고 '타인의 유익을 위해 헌신할' 자유이지, 자기의 유익을 구하는 자유가 아니다. 모든 것이 가하나 모든 것이 유익한 것은 아니다. 그렇기 때문에 사적 영역에서의 자유는 반드시 사랑에 의해 제어되어야 한다. 사랑이라는 컨트롤러가 망가진 자유는 위험하고 파괴적이다.

4. 자유와 통제

공적 영역에서의 자유는 좀 다르다. 인간의 타락으로 인해 어쩔 수 없이 어느 정도의 통제가 필요하다. 자유를 근간으로 한 '자유주의' 사회라고 해도 무제한적인 자유를 부여할 수는 없다. 무제한적인 자유는 파괴를 낳을 뿐이기 때문이다. 교회 안에서는 신앙과 개인적 양심, 내면화된 성경적 가치가 '자유'를 통제하는 기능을 하지만, 사회 속에서는 그런 것을 기대할 수 없다. 당연히 법제화된 통제가 필요하다. 그렇다면 어떤 구조가 하나님이 주신 자유를 최대한 보호하면서도 제어할 수 있는 '성경적 구조'일까? 생각보다 쉽지 않은 문제다.

이것을 이해하기 위해서는 먼저 '사적 영역'과 '공적 영역'을 구분할 필요가 있다. 사적 영역이 개인의 사생활에 관계된 영역이라면, 공적 영역은 사회적 책임이 요구되는 영역이다. 예를 들어 내가 우리 집에서 침을 뱉는 것은 사적인 영역의 일이다. 침을 뱉을 자유가 있다. 이것을 법으로 통제할 수 없다. 그러나 길거리에서 침을 뱉는 것은 다른 문제다. 공적인 영역에서 일어난 일이기 때문에 제한되어야 한다.

내가 무슨 생각을 하고, 무엇을 믿고, 그 생각과 믿음을 개인적인 관계 속에서 누군가와 나누는 것은 사적인 영역에 속한 일들이다. 그러나 공식적인 미디어를 통해 그것을 발표하거나 공적인 자리에서 누군가에게 가르친다면, 그것은 공적인 영역의 일이 된다. 다시 말해, 다른 사람의 자유와 권리를 침해할 소지가 있는 영역은 공적 영역이라는 것이다. 우리의 자유가 다른 사람의 자유와 권리를 침해해서는 곤란하다.

(1) 헌법이 보장하는 자유

이런 것을 고려하여 자유주의 진영에는 헌법으로 명시하는 자유가 있다. 우리나라 헌법이 보장하는 자유를 요약하면 다음과 같다.

① 신체의 자유 (제12조 1항)

- 모든 국민은 신체의 자유를 가진다. 누구든지 법률에 의하지 아니하고는 체포·구속·압수·수색 또는 심문을 받지 아니하며, 법률과

적법한 절차에 의하지 아니하고는 처벌·보안처분 또는 강제노역을 받지 아니한다.

② **사상과 표현의 자유** (제19조 – 제21조)

- 양심의 자유 (제19조) : 모든 국민은 양심의 자유를 가진다.
- 종교의 자유 (제20조 1항) : 모든 국민은 종교의 자유를 가진다.
- 언론·출판·집회·결사의 자유 (제21조 1항) : 모든 국민은 언론·출판의 자유와 집회·결사의 자유를 가진다.

③ **거주 · 이전의 자유** (제14조)

- 모든 국민은 거주·이전의 자유를 가진다.

④ **직업 선택의 자유** (제15조)

- 모든 국민은 직업선택의 자유를 가진다.

⑤ **재산권 보장** (제23조 1항)

- 모든 국민의 재산권은 보장된다. 그 내용과 한계는 법률로 정한다.

⑥ **학문의 자유와 예술의 자유** (제22조 1항)

- 모든 국민은 학문과 예술의 자유를 가진다.

대한민국 헌법은 이런 자유를 보장하고 있다. 그리고 헌법 제10조는 "모든 국민은 인간으로서의 존엄과 가치를 가지며, 행복을 추구할 권리를 가진다. 국가는 개인이 가지는 불가침의 기본적 인권을 확인하고 이를 보장할 의무를 진다"라고 규정하고 있다. 게다가 헌법 제37조 2항은 "국민의 모든 자유와 권리는 국가안전보장·질서유지 또는 공공복리를 위하여 필요한 경우에 한하여 법률로써 제한할 수 있으며, 제한하는 경우에도 자유와 권리의 본질적인 내용을 침해할 수 없다"라고 규정하고 있다.

(2) 사적 영역의 자유와 공적 영역의 통제

이처럼 헌법은 국가의 안보나 공공질서 등 타인에게 '직접적인 피해'를 주는 공적 영역의 자유는 제한될 수 있지만, 사적 영역의 자유는 최대한 보장되어야 한다고 규정한다. 자유주의 사회와 통제사회의 차이는 여기에 있다. 통제사회는 개인의 사적 영역에서의 자유까지 국가 권력이 통제한다. 친구들과 나눈 대화, 카톡으로 보낸 사적인 메시지 등은 명백히 '사적 영역'에 속한 것이기 때문에 그 자유가 보호되어야 한다. 설령 그 진위가 애매한 것이라 하더라도, 그것은 그 사람의 양심의 자유다. 그것을 SNS에 올리거나 유튜브를 통해 방송한다고 할지라도, 국가의 안전을 심각하게 위협하는 것이 아닌

한, 언론의 자유로 보호되어야 한다. 이를 국가가 함부로 통제해서는 안 된다.

"그것이 사회 혼란을 일으킬 수 있지 않습니까?" 그럴 수 있다. 그럼에도 불구하고 국가는 아주 소극적으로 개입해야 한다는 것이 자유주의 헌법의 취지이며, 성경적 가치 역시 다르지 않다. 물론 자유의 위험성이 있다. 그러나 '위험성'만으로 자유를 제한해서는 안 된다. 하나님도 그렇게 하지 않으셨기 때문이다. 하나님도 하지 않으신 일을 인간이 한다는 것은 말이 안 된다.

더욱이 그것이 사실인지 아닌지 판단하기도 어려운 일을 국가가 통제한다는 것은 반성경적인 발상이다. 가짜 뉴스를 규제한다면, 그 뉴스가 가짜인지 아닌지는 어떻게 판별할까? 누가 판별할까? 국가 권력이 소극적으로 개입해야 한다는 뜻은 명백한 거짓이 증명되었을 때, 그리고 그것이 공공의 이익을 침해하는 것이 명백할 때, 그때에도 가급적이면 소극적으로 개입해야 한다는 뜻이다.

사적 영역에서 일어나는 대부분의 일들은 '사회적 자정 기능'에 맡겨야 한다. 카톡에서 자꾸 거짓말을 하는 사람이 있다면 다른 사람들이 그 사람 이야기를 무시하게 될 것이다. 이것이 '사회적 자정 기능'이다. 개인이 대화를 나누는 카톡의 내용을 국가 권력으로 규제하겠다는 것은 자유주의 사회에서는 상상조차 할 수 없는 생각일 뿐 아니라, 성경적 가치관에 비추어봤을 때 하나님도 하지 않으신 일을 인간이 하겠다는 지극히 반성경적인 생각이다.

한 사회의 가치를 성경적으로 지키는 것은 각각의 사건의 옳고 그름을 따지는 것과는 또 다른 차원의 일이다. 예를 들어보자. 만약 이단을 금지하는 법이 만들어진다면 당신은 어떻게 반응하겠는가? 법으로 신천지를 금한다면? "할렐루야"인가? 크리스천은 이 법에 찬성해야 할까? 아니면 반대해야 할까? 나는 당연히 반대해야 한다고 믿는다. 그것은 단순히 '이단을 금하는 법'이 아니라, 본질적으로 하나님이 보장하신 '선택의 자유', 헌법에서는 '종교와 양심의 자유'를 금하는 법이기 때문이다.

"목사님, 그래도 신천지는 명백하게 하나님의 진리에서 벗어난 것이잖아요? 그러니 금하는 것이 하나님의 뜻 아닙니까?"

정말 그럴까? 만약 그렇다면 선악과는 무엇인가? 하나님도 제한하지 않으신 것을 사람이 제한하겠다고? 더욱이 신천지를 금하는 법이 만들어진다면 그 법이 어느 날 기독교를 금하는 법으로 이어지지 않는다고 누가 장담할 수 있을까?

신천지를 금지하는 법을 만든다는 것은 단순히 '신천지를 금지하는 법'을 만드는 것이 아니라 '종교와 양심의 자유를 국가가 금지할 수 있는 법'을 제정하는 것이다. 이것이 본질이다. 어떤 종교를 믿을 것인지는 개인의 양심과 신앙에 의해 통제되어야 한다. 개인의 사적 영역에서의 자유는 양심과 자유의지에 의해 통제되어야 한다는 것이 성경의 가르침이다. 국가 권력에 의해 통제되어서는 안 된다.

카톡 검열 논란도 비슷한 이슈다. 가짜 뉴스이기 때문에 권력이 통제하겠다고? 가짜인지 아닌지를 누가 결정할까? 그 결정을 내리는 사람은 항상 옳을까? 그것이 공적 영역에 관한 것이라면 통제할 수 있다. 정해진 법질서에 따라 통제하면 된다. 그러나 사적 영역에서 일어난 일이라면? 심지어 주체사상과 김정은을 찬양하는 발언에 대해서 "사적 영역이니 통제하면 안 된다"고 주장했던 사람들이 이제 와서 사적 영역을 통제하겠다고? 이것은 어떤 이유로도 정당화될 수 없다.

"그럼, 사회가 거짓 뉴스로 혼란스러워지는 것을 두고 봅니까?"라는 주장은 어리석기 그지없는 근시안적인 반응이다. 이것은 단순히 사회의 혼란을 막는 법을 만드는 것이 아니라, 개인의 사적 영역을 구속할 수 있는 법을 만들겠다는 뜻이기 때문이다.

이번에는 정치적 이슈지만, 이 법이 언제 복음을 핍박하는 법으로 둔갑할지 누가 장담할 수 있는가? 법으로 제정된다는 것은 문을 연다는 의미다. 국가가 언제든지 종교와 개인의 양심을 법으로 제한할 수 있게 하는 문을 연다는 뜻이다. 이것은 생각보다 훨씬 크고 위험하며, 지극히 반성경적인 발상이다. 이 싸움은 생각보다 중요한 싸움이다. 이로 인해 앞으로 대한민국의 방향성이 결정될 수 있기 때문이다. 대한민국에서 '자유'가 어떤 자유가 될 것인지를 말이다.

5. 분별력

오늘날 우리에게 필요한 것은 분별력과 행동하는 믿음이다. 너무나 말도 안 되는 미혹이 난무하고 있다. 하나님을 대적하는 생각이 하나님의 뜻으로 둔갑하고, 하나님의 공의와 정의는 바다 위를 부표하고 있다. 분별력이 그 어느 때보다도 절실하게 필요한 때다. 앞서 이야기했지만, 만약 자유와 다른 가치가 충돌한다면, 자유가 평등과 충돌하고, 자유가 긍휼과 충돌한다면, 나는 지체 없이 자유를 선택하겠다. 왜냐하면 자유는 이 모든 것의 기초이기 때문이다.

자유가 담보되면 회개와 자정의 기회가 있다. 그러나 일단 자유를 빼앗기고 나면, 다른 기회들은 사라진다. 인간에 의한 통제가 강화될 것이고 그 끝은 결국 하나님을 대적하는 일이 될 것이 자명하다. 성경이 묘사하는 적그리스도의 특징이 바로 '통제'인 것은 우연이 아니다. 자유를 빼앗기고 통제가 그 자리를 대체하게 될 때, 우리는 적그리스도의 통치로 한발 다가가게 된다. 자유는 하나님의 속성이며, 통제는 적그리스도의 속성이기 때문이다.

함께 생각해볼 질문들

이 질문들은 스스로 생각을 정리해보고, 소그룹으로 토론하는 데 도움을 주기 위해 만들어졌다. 소그룹 토론을 위해 사용한다면, 모든 질문을 다 소화하려고 하기보다는, 필요한 질문들을 몇 가지 뽑아서 나눠보기를 권한다.

⋮

1 본문에서는 사랑과 공의 못지않게, 아니 어쩌면 더 중요한 성경적 가치가 자유라고 말한다. 하나님께서 사람을 창조하신 후 가장 먼저 하신 일이 '자유를 주신 것'이라는 사실에 대해 당신은 어떤 생각이 드는가? 그것이 비록 선악과를 선택하는 것일지라도 우리에게 '선택할 수 있는 자유'를 주신 것에 담긴 의미를 생각해보자.

2 사랑과 자유의 관계에 대해서 생각해보라. 사랑이라면 거기에는 뭔가 다른 이유가 붙어 있어서는 안 된다는 말의 의미는 무엇일까? 다른 이유가 붙어 있을 때, 사랑이라고 생각했던 감정도 사실은 그 무언가에 종속된 것에 불과하다는 사실에 대해, 당신의 경험을 중심으로 나눠보자. 하나님의 통치, 우정, 헌신, 충성, 자비, 긍휼 등 다른 성경적 가치들이 자유와 관계 맺는 방식에 대해서도 비슷한 방법으로 생각해보자.

3 다음 구절들을 묵상해보라. 예수께서는 우리에게 자유를 주셨다(갈 5:1). 진리를 알 때, 그 진리가 우리를 자유케 한다(요 8:32). 성령께서는

자유의 영이고, 해방의 영이시다(고후 3:17). 성부 하나님도 온전히 당신의 선택으로 이 세상을 창조하셨다. 다른 사정이 있으셨던 것이 아니다. 삼위일체 하나님이 행하시고, 강조하셨던 자유에 대해 묵상하고 나눠 보자.

> [갈 5:1] 그리스도께서 우리를 자유롭게 하려고 자유를 주셨으니 그러므로 굳건하게 서서 다시는 종의 멍에를 메지 말라

> [요 8:32] 진리를 알지니 진리가 너희를 자유롭게 하리라

> [고후 3:17] 주는 영이시니 주의 영이 계신 곳에는 자유가 있느니라

4 공적인 영역에서는 자유가 어느 정도 통제될 수 있지만, 사적인 영역에서는 자유가 통제되어서는 안 된다는 것이 성경적 가치다. 사적인 영역에서의 자유는 사랑에 의해 제어될 뿐이다. 자유주의 체제라면, 사적 자유의 영역에 속하는 '양심과 신앙의 자유'가 국가 권력에 의해 통제되어서는 안 된다. 자유주의를 기초로 한 자유 대한민국 헌법 제10조에는 개인이 자유를 '적극적으로' 누릴 수 있도록 보장되어야 한다고 규정되어 있긴 하지만, 이를 거스르려는 시도들이 빈번히 행해지는 것을 본다. 당신 주변에서 발견되는 사례들을 찾아보라. 크리스천이라면 자유와 통제의 문제에 대해 어떻게 반응해야 할까?

5 원수 마귀는 하나님이 주신 소중한 자유를 도둑질함으로써 우리를 '종'으로 만들려 한다. 또 '하나님이 되고 싶은 인간의 욕망'을 부채질함으로써 위대하고 영광스러운 그분의 창조 계획을 망가뜨리려 한다. 그런데 현시대에 국가 권력이 인간의 '사적 자유'를 통제하려는 듯한 움직임을 보일 때가 있다. 하나님도 하시지 않았던 사적 영역의 통제를 인간이 하겠다는 교만하고 위험한 발상이다. 성경이 묘사하는 적그리스도의 대표적 특징이 바로 '통제'였던 것을 상기해보자.

10 성경적 가치관과 복음적 책무

[요 3:16] 하나님이 세상을 이처럼 사랑하사 독생자를 주셨으니 이는 그를 믿는 자마다 멸망하지 않고 영생을 얻게 하려 하심이라

앞 장에서 살펴보았듯이, 크리스천에게는 두 가지 책무가 있다. 첫째는 복음을 전해야 하는 '복음적 책무'이고, 둘째는 정의로운 사회를 만들어야 할 '사회적 책무'다. 각각의 책무에 따라 성경적 가치도 구분되는데, 사회적 책무에 전제되는 성경적 가치로 '사랑, 공의, 자유'로 대표되는 '보편적 가치'를 들 수 있다. 이 가치들은 세상 속으로 확장될 수 있고, 확장되어야 하는 성경적 가치들이다.

그에 반해 복음적 책무에 따른 성경적 가치가 있다. 복음을 전할 때 함께 전해야 할 성경적 가치를 말하는데, 이를 '신앙적 가치'라 부를 수 있다. 건강한 사회를 이루기 위한 사회적 책무에 신앙적 가치를 직접적으로 적용하기는 조심스러운 면이 있다. 크리스천만 사는 사회가 아니기 때문이다. 그럼에도 불

구하고 신앙적 가치들은 성경적 세계관을 구성하는 핵심적인 요소들이다.

이번 장에서는 신앙적 가치를 중심으로 성경적 세계관을 살펴보자.

1. 창조 : 하나님이 세상을 창조하셨다

성경적 세계관 첫 번째는 "하나님이 세상이 창조하셨다"는 것이다. 기독교 세계관의 기초이자 시작은 '창조'다. 이것이 성경의 시작이기도 하다.

[창 1:1] 태초에 하나님이 천지를 창조하시니라

하나님이 세상을 창조하셨다는 것은 성경의 시작이고 기초다. 그러나 세속 사회 속에 이 세계관을 문자적으로 적용하기에는 한계가 있다. 크리스천만 사는 세상은 아니기 때문이다. 실제로 우리나라는 '정당정치'를 기본으로 하고 있는데, 성경적 세계관을 100퍼센트 문자적으로 표방하는 정당을 찾기는 쉽지 않다. '기독당'이 있기는 하지만 그 영향력이 미미하고, 그 정당이 국민 전체의 지지를 받거나 민의를 반영하기도 쉽지 않다. 기독교인의 비중은 가톨릭을 합쳐도 30퍼센트를 넘기 어렵기 때문이다.

그렇기 때문에 '신의 존재'나 '창조론' 같은 기독교 세계관이 세속 정당을 통해 구현되기를 기대하기는 어렵다. 그럼에도 "하나님이 세상을 창조하셨다"는 사실이 여전히 중요한 것은 진리의 도전자들인 세속의 흐름 속에서 우리를 지키며 그 흐름을 분별하기 위해서다.

(1) 진리의 절대성

하나님의 존재와 그분의 창조를 믿는다는 것은 첫째, 진리의 절대성을 믿는 것이다. 진리가 절대적인지, 상대적인지를 묻는다면, 보편적인 기독교적 가치는 진리의 절대성을 주장한다. 물론 이슬람이나 불교가 자신들의 진리를 절대적인 진리라고 주장한다면 당혹스럽기는 하겠지만, 적어도 진리의 상대성을 주장하는 사조보다는 진리의 절대성을 주장하는 사조가 성경적 세계관에 더 가깝다.

성경이 말하는 중요한 가치들, 성별을 남성과 여성으로만 구별하는 성 구분이나 가정의 가치, 어른에 대한 존경 등은 시대나 문화를 초월한 '절대적인 가치'다. 그런데 우리 시대의 사조는 이러한 '절대적' 가치를 인정하지 않는 쪽으로 흘러간다. '절대적'이라 말하는 것조차 '혐오'로 규정하려 한다. 그러나 기독교 세계관은 변하지 않는 절대적 진리, 절대적 가치가 존재한다고 믿는다. 모든 것을 상대화하는 '상대적 진리'는 기독교적 가치가 아니다.

앞서 살펴보았듯이, 우리 시대는 포스트모더니즘의 영향으로 진리를 상대화한다. 또 진화론의 영향 아래 기존의 것을 무조건적으로 부정하고, 새로운 것을 시도하는 것을 '사회적 진화' 또는 '진보'라고 생각한다. 이러한 사조들은 성경적 세계관과는 거리가 멀다.

얼마 전 한 신문에서 '폴리아모리'(Polyamory)에 기초한 가족을 소개한 기사를 보았다. '폴리아모리'란 '다부다처제'를 의미하는데, 한 가족을 이루어 살고 있는 두 명의 남자와 두 명의 여자를 인터뷰한 기사였다. 단지 집을 공유하는 것이 아니라 남편이 둘, 아내가 둘이라는 것이다.

"왜 결혼은 꼭 한 남자와 한 여자가 해야 합니까?"라는 질문으로 시작하는 이 기사는 한 남자와 한 여자가 가정을 이룬다는 생각을 '구시대의 고리타분한 전통' 내지는 '인류의 자유롭고 풍성한 삶을 제한하고 억압하는, 미개한 제도'로 취급했다. 자신들은 사회의 새로운 진보를 이루어내고 있다는 것이다. 그리고 이러한 인류의 진보를 억압하고 있는 범인을 기독교, 좀 더 정확하게는 유대 기독교에 뿌리를 둔 가부장적 전통이라고 주장한다.

현대 사조는 절대적 진리가 없다고 주장하기에 무엇이든 진리가 될 수 있고, 그렇기 때문에 무엇이든 시도해볼 수 있다고 말한다. 그리고 '나중에 시도된 것'이 '더 진화된 것'이라 믿는다. 포스트모더니즘과 진화론의 미혹이다. 포스트모더니즘을 따라 '진리의 절대성을 부인'하고 그 위에 '나중에 시도된 것'이 더 고등한 것이라는 진화론의 주장을 얹는다. 앞서 살펴보았듯이, 진화에는 방향성이 없다. 굳이 방향성을 잡자면, 자연에 더 잘 적응하는 것이다. 거기에는 윤리도 목적도 없다. 그러니 한 남자와 한 여자가 결혼하는 것보다 폴리아모리를 하는 것이 출산에도 유리하고, 유전자도 더 잘 섞이는 진화라는 것이다.

그러나 성경적 가치는 '진화해 가는 것'이 아니다. 창조의 원형으로 '돌아가는 것'이다. 하나님이 창조하신 원형에서 벗어난 불의하고 잘못된 것들을 회개함으로써 고쳐 가는 '회복'이지, 새로운 것으로 발전해 가는 '진화'가 아니다. 우리는 방향도 없이 그저 끝없이 새로운 것을 추구하는 존재가 아니다. '창조의 원형'으로 돌아가는 회복이 성경의 가치다. 물론 모양과 방법은 시대에 따라 다를 수 있다. 새로워져야 한다. 그러나 '가치'가 새로워지는 것은 아니다. 우리는 '방법'과 '가치'를 구분할 수 있어야 한다. 지킬 것은 지키고(가치), 바꿀 것은 바꾸는 것(방법)이 복음이다. 따라서 기존 질서를 무조건적으로 비판하거나, 인간의 타락한 욕망을 좇아 행해지는 무분별한 변화는 반성경적이라 할 수 있다.

(2) 하나님 중심성

둘째, 하나님이 세상을 창조하셨다는 것은 세상의 중심이 '하나님'이시라는 것이다. 우리가 하나님을 위해 존재하는 것이지, 하나님이 우리를 위해 존재하시는 것이 아니다. 인간이 중심이 되려고 하는 생각은 '타락', 즉 '죄'의 결과다. 우리 시대의 강력한 사조는 '나를 중심에 놓는 것'이다. 모든 것이 '나'를 위해 존재한다. 거창한 비전이나 당위성보다 나의 욕구를 충족하는 것이 더 중요하다. 이런 사조의 영향은 교회 안에서도 발견된다. 회개와 사명의 메시지는 점점 힘을 잃어가고, 위로와 격려, 공감과 치유의 메시지가 인기를 얻는다. 찬양도 그렇다. 요즘 MZ들이 환호하는 찬양의 상당수는 '괜찮아', '넌 할 수 있어', '너를 응원해' 이런 것들이다. 내가 하나님을 위해 존재하는 것인지, 하나님이 나를 위해 존재하시는 것인지 헷갈린다. 이 시대의 흐름이다. 하나님이 세상을 창조하셨다는 성경적 세계관의 중심에는 세상의 중심은 내가 아니라 하나님이시라는 가치가 자리하고 있다.

2. 주관자 : 역사의 주관자는 하나님이시다

성경적 세계관의 두 번째 내용은 "역사의 주관자는 하나님이시다"라는 것이다. 이는 크게 두 가지 의미를 함축한다.

(1) 역사에 개입하시는 하나님

첫째, 하나님은 인간의 역사에 개입하시는 분이라는 것이다. 하나님은 세상을 창조하시고 나서 저 멀리서 팔짱 끼고 관망하시는 분이 아니라, 적극적이고 직접적으로 역사에 개입하시는 분이다. 그 정점이 성육신하신 예수 그리스도다. 하나님께서 인간의 몸을 입으시고, 친히 인간의 역사 속으로 들어오셨다. 우리가 믿는 하나님은 종교의 영역 속에 고이 모셔둔 추상적인 신이 아니라 역사에, 내 삶에 실제적으로 개입하여 일하시는 살아 계신 하나님이시다. 하나님을 '종교의 영역'으로 제한하려는 미혹을 경계하라.

따라서 우리에게는 사회와 역사에 대한 책임이 있다. 크리스천은 세상을 섬기는 제사장이기 때문이다. 제사장의 사명은 하나님의 통치가 세상에 이루어지도록 힘쓰는 것이다. 그리고 그 통치가 이루어지기 위해서는 세상 속에 '하나님의 가치'들이 자리 잡아야 한다. 하나님이 중요하게 생각하시는 가치들은 무시되고, 하나님이 싫어하시는 가치들은 흥왕한 사회라면 그곳에 하나님의 통치가 임하기 어렵다. 물론 하나님은 그런 곳에도 역사하시겠지만, 그 역사는 심판의 역사일 것이다.

종교와 세상을 분리하려는 사조를 경계해야 한다. 하나님은 '세상을 사랑'하셨지, '세상을 무시'하지 않으셨다. 하나님은 세상의 역사 속에 개입하셔서 일하시는 역사의 주관자시다.

(2) 결국 승리하시는 하나님

둘째, 역사의 주관자가 하나님이시기에 인간의 역사는 결국 하나님의 승리로 끝난다. 하나님은 결국 승리하신다. 역사는 그분의 작품이기 때문이다. 크리스천은 이것을 믿는다. 성경적 세계관은 결국은 하나님이 승리하실 것을 말한다.

3. 타락 : 인간은 전적으로 타락했다

성경적 세계관의 세 번째 내용은 '타락'이다. 인간은 전적으로 타락했다. 성경은 인간에 대한 소망을 접는다. 인간에게는 어떤 소망도, 한 톨의 가능성도 없다고 이야기한다. 이것을 '전적 타락'이라고 부른다. 성경은 인간에 대해 이렇게 이야기한다.

[창 6:5] 여호와께서 사람의 죄악이 세상에 가득함과 그의 마음으로 생각하는 모든 계획이 항상 악할 뿐임을 보시고

[시 14:1] 어리석은 자는 그의 마음에 이르기를 하나님이 없다 하는도다 그들은 부패하고 그 행실이 가증하니 선을 행하는 자가 없도다

로마서는 타락한 인간의 본성을 다음과 같이 적나라하게 묘사한다.

[롬 3:10-18] 기록된 바 의인은 없나니 하나도 없으며 깨닫는 자도 없고 하나님을 찾는 자도 없고 다 치우쳐 함께 무익하게 되고 선을 행하는 자는 없나니 하나도 없도다 그들의 목구멍은 열린 무덤이요 그 혀로는 속임을 일삼으며 그 입술에는 독사의 독이 있고 그 입에는 저주와 악독이 가득하고 그 발은 피 흘리는 데 빠른지라 파멸과 고생이 그 길에 있어 평강의 길을 알지 못하였고 그들의 눈 앞에 하나님을 두려워함이 없느니라 함과 같으니라

이것이 인간이다. 여기서 중요한 것은 '하나도'이다. 타락한 인간에게는 선한 것이 하나도 없다는 것이다. '다' 치우쳐 함께 무익하게 되었고, 선을 행하는 자가 하나도 없다. 인간이 할 수 있는 것은 오직 죄짓는 것뿐이다.

인본주의 기독교는 이 사실을 간과한다. 인간에게 그래도 뭔가 기대할 것이 남아 있다고 생각한다. 인간의 선함에 대한

미련을 버리지 못한다. 구제나 자선 사업 등을 통해 드러나는 인간의 긍휼과 자비를 찬양하고, 인류애와 애국심을 기리기도 한다. 인간의 노력으로 무언가를 이룰 수 있다고 생각한다. 모두 반성경적인 생각들이다. 기독교 안에 들어온 인본주의 사조의 영향이다. 성경은 인간에게서는 결코, 절대로, 결단코 선한 것이 나올 수 없다고 이야기한다. 인간에게 뭔가를 기대한다는 것은 고양이가 사람이 되기를 기대하는 것만큼이나 어리석은 일이다. 인간은 예수 그리스도가 아니면 소망이 없다. 인간이 할 수 있는 일이라고는 죄짓는 것밖에 없다. 잔인한 것 같지만 이것이 성경적 세계관의 핵심이다.

인본주의 기독교의 뿌리를 파헤쳐보면, '인간의 죄'에 대한 이해가 부족한 것을 발견할 수 있다. 그러다보니 굳이 예수가 필요치 않다. '혁명가 예수', '인류의 스승 예수'는 필요할지 몰라도, '제물이 되어 죽으신 어린 양 예수'는 별반 필요가 없다. 인간의 죄성을 모르기 때문이다. 타락한 인간은 '죄짓는 것' 외에는 어떤 것도 할 수 없는 절망적인 존재다. 이것이 성경적 세계관의 내용이다.

예수가 필요 없다보니 은혜도 필요 없다. 그리고 은혜가 필요 없다보니 교만하다. 겸손은 '은혜'에서부터 나오기 때문이다. "나 같은 죄인 살리신 주 은혜 놀라워!" 여기서부터 겸손이 나오는데, 은혜가 필요 없다보니 겸손도 사라진다. 그 결과 다른 사람들을 정죄하고 비판한다. 사람들을 교화하고 가르치려 한다. 교화하면 될 것이라고 믿는 것이다. 인본주의 기독교의 특징은 교만하고 비판적이라는 것이다.

개인적으로 자본주의가 공산주의보다는 성경적이라고 믿는 이유가 여기에 있다. 자본주의도 공산주의도 성경적인 체제는 아니다. 둘 다 문제가 있다. 그러나 자본주의는 인간의 타락을 인정하고 그 위에서 시작한다. 반면 공산주의는 인간의 죄를 인정하지 않는다. 인간의 타락이 얼마나 뿌리 깊은지를 모른다. 그러니 인간의 힘으로 이상적인 유토피아를 세울 수 있다고 믿는 것이다. '일은 다 다르게 하는데 가져가는 건 똑같이 가져가자고? 타락한 인간이 그게 되겠는가? 그 분배는 또 누가 할 것인가? 결국 사람이 하지 않는가? 그러면 그 사람이 공정함을 끝까지 유지할 수 있을까?' 공산주의는 인간의 타락한 본성을 간과한다. 인간 안에 선한 것이 남아 있다고 착각하기 때문이다.

4. 구속 : 구원은 오직 예수께만 있다

성경적 세계관의 네 번째 내용은 '구원' 혹은 '구속'이다. 성경은 예수 외에는 구원이 없다고 이야기한다.

[행 4:12] 다른 이로써는 구원을 받을 수 없나니 천하 사람 중에 구원을 받을 만한 다른 이름을 우리에게 주신 일이 없음이라 하였더라

오직 예수께만 구원이 있다. 다른 길은 없다. 복음적 책무는 이것에 대한 확신에서 시작한다. 다른 길이 있다면 굳이 복음을 전할 필요가 없다. 전에 어느 목사님이 이슬람의 라마단 축제를 보면서 "아름다운 공동체 문화"라고 말하는 것을 듣고 놀란 적이 있다. 목사님은 "그들끼리 잘 사는데 왜 굳이 기독교 문화를 가지고 들어가 강요하며 아름다운(?) 그들의 삶의 방식을 파괴하느냐"고 선교를 비난했다. 그것도 목사가 말이다! 인본주의에 오염된 기독교적 관점이다.

그래서 인본주의의 흐름에 오염된 기독교는 복음 전도나 선교를 그다지 중요하게 생각하지 않는다. 아니, 오히려 비난하며 그보다는 사회적 책무를 과도하게 강조한다. 예수만이 유일한 구원의 길이라는 사실을 믿지 않기 때문이다. 주로 자유주의 신학에 기초한 진보적 기독교의 관점이다. 이런 이야기들을 경계하라. 사회적 책무도 물론 중요하다. 그러나 사회적 책무를 행한다고 해서 예수만이 유일한 구원의 길이라는 복음적 책무가 사라지는 것은 아니다.

5. 완성 : 하나님나라는 반드시 완성된다

마지막 다섯 번째 기독교 세계관의 내용은 '하나님나라의 완성'이다. 예수께서는 다시 오실 것이고, 영원한 하나님의 나라를 완성하실 것이다. 그 나라는 인간의 손으로 지어지는 유토피아가 아니라 하늘로부터 임하는, 하나님께서 세우시는 나라다.

하나님나라의 완성을 믿는다는 것은 예수님의 재림을 믿는 것이고, 천국과 지옥을 믿는 것이며, 마지막 때가 있다는 것을 믿는 것이고, 하나님의 심판이 있다는 것을 믿는 것이다. 이를 문자적으로 믿는 것이다.

하나님나라의 완성에 대한 성경의 선포를 종교적 교리나 상징적 의미로 제한하는 것은 진화론이 만들어낸 사적 진리(종교적 진리)와 공적 사실(과학적 진리)의 분리에 기인한다. 여기에 포스트모더니즘과 실존주의 철학이 더해지면서 진리가 완전히 이원화되었는데, 이 이원론적인 진리관이 기독교 안까지 깊숙이 침투했다.

마지막 때의 일들이 '팩트'가 아니라면 그것을 '믿는 것'이 무슨 의미가 있을까? 이를 깊게 다루려면 '성경적 인식론'을 살펴봐야 하는데, 지면 관계상 여기서 다루지는 않겠다.[3] 성경의

3 기독교 인식론이 궁금한 독자는 프란시스 쉐퍼(Francis Schaeffer)의 《거기 계시며 말씀하시는 하나님》(1973, 생명의말씀사)과 《이성에서의 도피》(2006, 생명의말씀사)를 참고하라.

계시는 '객관적 팩트'에 기초한 '인식'이지, 팩트와 분리된 '의미와 감정'이 아니다.

결론

성경은 마지막 때 심판을 양과 염소를 가르는 것으로 이야기한다.

> [마 25:31-34] 인자가 자기 영광으로 모든 천사와 함께 올 때에 자기 영광의 보좌에 앉으리니 모든 민족을 그 앞에 모으고 각각 구분하기를 목자가 양과 염소를 구분하는 것 같이 하여 양은 그 오른편에 염소는 왼편에 두리라 그 때에 임금이 그 오른편에 있는 자들에게 이르시되 내 아버지께 복 받을 자들이여 나아와 창세로부터 너희를 위하여 예비된 나라를 상속받으라

> [마 25:41] 또 왼편에 있는 자들에게 이르시되 저주를 받은 자들아 나를 떠나 마귀와 그 사자들을 위하여 예비된 영원한 불에 들어가라

> [마 25:46] 그들은 영벌에, 의인들은 영생에 들어가리라 하시니라

흥미로운 것은 각 개인을 양과 염소로 구분하는 것이 아니

라 '민족'을 양과 염소로 구분한다는 것이다. 그렇다. 마지막 때는 미혹과 환란 그리고 심판이 임하는 때다. 그런데 그 가운데서 '양'으로 칭찬받는 민족이 있는가 하면, '염소'로 심판받는 민족도 있다. 끝까지 하나님의 가치와 통치에 순종하려 했던 민족과 세속의 흐름에 휩쓸려간 민족은 다르다는 것이다. 여기에 우리의 사회적 책무가 있다. 우리나라가 끝까지 하나님께 칭찬받는 민족이 되기를 소원한다. 그리고 그 책임은 크리스천에게 있다.

함께 생각해볼 질문들

이 질문들은 스스로 생각을 정리해보고, 소그룹으로 토론하는 데 도움을 주기 위해 만들어졌다. 소그룹 토론을 위해 사용한다면, 모든 질문을 다 소화하려고 하기보다는, 필요한 질문들을 몇 가지 뽑아서 나눠보기를 권한다.

⋮

1 당신은 복음 전도와 선교를 하나님께서 우리에게 맡겨주신 거룩한 책무이자 사명이라고 생각하는가? 그렇다면 그에 합당하게 당신의 삶을 조정하고 순종하며 살고 있는가?

2 당신은 세상에서 일어나는 일들을 접할 때, 이 사건들을 '창조-주관자-타락-구속-완성'의 관점에서 바라보고 해석하는가? 혹시 이런 성경적 가치관은 교회 안에서만 통용되는 관점이라고 생각하지는 않는가? 크리스천이 '신앙적인 가치'로 삶을 바라보고 살아간다는 것은 무슨 의미일까?

3 본문에서 "하나님이 세상을 창조하셨다"는 사실을 부정할 때 따라오는 결과는 무엇이라고 이야기했는가? 당신은 그 사실에 동의하는가? 하나님이 세상을 창조하셨다는 사실을 부정함으로써 발생하는 문제들을 찾아보고 함께 나눠보라.

4 당신은 "역사의 주관자는 하나님이시며, 하나님은 인간의 역사에 친히 개입하신다"라는 사실을 인정하는가? 그렇다면 크리스천은 우리나라의 역사와 사회 곳곳에서 벌어지고 있는 일에 대해 어떤 태도를 취해야 할까? 우리가 세상에 대해서 제사장적 책무를 온전히 다해야 하지 않을까? 제사장의 사명은 하나님의 통치가 이 땅에 이뤄지도록 힘쓰는 것이니만큼, 세상 속에 '하나님의 가치'들이 자리하도록 애써야 하지 않을까?

5 인본주의 기독교가 '인간의 죄'에 대한 이해가 부족하다보니 생겨난 오류는 무엇일까? '혁명가 예수', '인류의 스승 예수'는 필요할지 몰라도, '제물이 되어 죽으신 어린 양 예수'는 그다지 필요하게 느끼지 않는다는 본문의 설명을 깊게 생각해보라. 예수가 필요 없다보니, 은혜도 필요 없고, 그렇다보니 교만과 비판적 태도만 남게 된 것은 아닐까? 아울러 인본주의의 흐름에 오염된 기독교는 복음 전도나 선교를 중요하게 생각하지 않는다. 전도와 선교에 대한 당신의 생각은 어떤가? 각자의 생각을 나눠보자.

6 당신은 평소 '하나님나라의 완성'이라는 그림을 가지고 이 땅의 일들을 바라보는가? 당신에게는 '하나님나라의 완성'이 삶의 실제인가? 비록 전체 그림을 완전히 이해하지는 못한다 할지라도, 이를 위해 오늘 작은 씨앗이라도 뿌리고 싶은 마음이 있는지 나눠보자.

11 우리의 책무

[히 2:1] 그러므로 우리는 들은 것에 더욱 유념함으로 우리가 흘러 떠내려가지 않도록 함이 마땅하니라

우리 시대는 '미혹'의 시대다. 진화론, 포스트모더니즘, 인본주의, 문화 막시즘 그리고 황금만능주의 등으로 대표되는 시대의 거센 사조는 우리를 흘러 떠내려가게 한다. 무엇이 사실인지조차 혼란스럽다. 크리스천에게는 예수의 진리에 도전하는 시대의 도전자들과 맞서 싸워야 할 책무가 있다.

1. 성령께 의지하라

미혹과의 싸움은 '영적인' 전쟁이다. 미혹의 본질이 '영'(spirit)이기 때문에 그렇다. 그래서 이 전쟁은 결국 '기도'의 싸움이다. 물론 기도뿐 아니라 믿음의 실제적인 행동이 함께 따라야 하겠지만, 기도를 통해 영적인 기류를 바꾸지 않으면 미혹과의 싸움에서 승리할 수 없다.

[막 3:27] 사람이 먼저 강한 자를 결박하지 않고는 그 강한 자의 집에 들어가 세간을 강탈하지 못하리니 결박한 후에야 그 집을 강탈하리라

먼저 강한 자를 결박해야 전쟁에서 이길 수 있다. 우리 시대를 감싸 흐르고 있는 미혹의 영, 거짓의 영을 먼저 결박해야 그들이 잡고 있는 '집'을 강탈할 수 있다.

2. 진리의 싸움

동시에 이 싸움은 '진리'의 싸움이다. 마지막 때 우리는 세 가지 위협에 당면하게 되는데, 그것은 환란, 유혹 그리고 미혹이다. 환란은 '믿음'으로 싸워야 한다. 어떤 핍박에도 흔들리지 않는 믿음으로 환란을 이겨내야 한다. 반면 유혹은 성령 충만함으로 극복해야 한다. 성령께서 유혹이 주는 갈망보다 더 큰 하나님을 향한 갈망을 주실 때, 우리는 유혹을 이길 수 있다. 유혹은 성령께서 주시는 하나님을 향한 사랑으로 극복해야 한다.

한편 미혹과의 싸움은 이것과는 또 다른 싸움이다. 진리의 싸움이다. 유혹과 미혹의 차이는, 유혹은 잘못된 것임을 알지만 욕심에 끌리는 것이고, 미혹은 잘못된 것인지도 모른 채 그

것을 진리로 믿고 그리로 가는 것이다. 그렇기 때문에 미혹은 '진리'로 싸워야 한다.

진리가 무엇인가? 그것은 하나님의 말씀이다. 말씀의 사람이 되어라. 여기저기서 주워들은 말씀으로는 미혹을 이길 수 없다. 내가 직접 성경과 씨름하며 얻은 말씀에 대한 확신이 있어야 한다. 그것이 미혹을 이기는 유일한 힘이다.

3. 긴 싸움이 될 수 있다

셋째, 서두르지 말라. 시대의 도전자들과의 싸움은 생각보다 긴 싸움이 될 수 있다. 하박국 선지자는 이렇게 탄원했다.

> [합 1:2-3] 여호와여 내가 부르짖어도 주께서 듣지 아니하시니 어느 때까지리이까 내가 강포로 말미암아 외쳐도 주께서 구원하지 아니하시나이다 어찌하여 내게 죄악을 보게 하시며 패역을 눈으로 보게 하시나이까 겁탈과 강포가 내 앞에 있고 변론과 분쟁이 일어났나이다

> [합 1:13] 주께서는 눈이 정결하시므로 악을 차마 보지 못하시며 패역을 차마 보지 못하시거늘 어찌하여 거짓된 자들을 방관하시며 악인이 자기보다 의로운 사람을 삼키는데도 잠잠하시나이까

아무리 하나님께 부르짖어도 응답이 없는 듯이 보였다. 이것이 하박국 선지자의 마음을 힘들고 지치게 했다. 우리도 지칠 수 있다. 이 시대에는 꾸준히, 끝까지 포기하지 않는 사람이 필요하다. 빨리 가는 것이 아니라 끝까지 가는 사람이 필요하다.

하나님의 더딘 응답에 낙심한 하박국의 탄원에 하나님께서 이렇게 응답하신다.

> [합 2:3-4] 이 묵시는 정한 때가 있나니 그 종말이 속히 이르겠고 결코 거짓되지 아니하리라 비록 더딜지라도 기다리라 지체되지 않고 반드시 응하리라 보라 그의 마음은 교만하며 그 속에서 정직하지 못하나 의인은 그의 믿음으로 말미암아 살리라

정한 때가 있다는 것이다. 하나님의 공의와 응답은 결코 거짓되지도, 지체되지도 않는다. 더딜지라도 기다리라. 하나님의 정하신 때에 정확히, 그리고 반드시 응하신다! 지체되지 않고 속히 임하신다. 의인은 이 사실을 믿음으로 인내하는 사람이다. 하나님의 정하신 때가 되면 어떤 일이 일어날까? 하박국 3장이 이야기한다.

> [합 3:2-16,19] 여호와여 내가 주께 대한 소문을 듣고 놀랐나이다

여호와여 주는 주의 일을 이 수년 내에 부흥하게 하옵소서 이 수년 내에 나타내시옵소서 진노 중에라도 긍휼을 잊지 마옵소서 하나님이 데만에서부터 오시며 거룩한 자가 바란 산에서부터 오시는도다 (셀라) 그의 영광이 하늘을 덮었고 그의 찬송이 세계에 가득하도다 그의 광명이 햇빛 같고 광선이 그의 손에서 나오니 그의 권능이 그 속에 감추어졌도다 역병이 그 앞에서 행하며 불덩이가 그의 발 밑에서 나오는도다 그가 서신즉 땅이 진동하며 그가 보신즉 여러 나라가 전율하며 영원한 산이 무너지며 무궁한 작은 산이 엎드러지나니 그의 행하심이 예로부터 그러하시도다 내가 본즉 구산의 장막이 환난을 당하고 미디안 땅의 휘장이 흔들리는도다 여호와여 주께서 말을 타시며 구원의 병거를 모시오니 강들을 분히 여기심이니이까 강들을 노여워하심이니이까 바다를 향하여 성내심이니이까 주께서 활을 꺼내시고 화살을 바로 쏘셨나이다 (셀라) 주께서 강들로 땅을 쪼개셨나이다 산들이 주를 보고 흔들리며 창수가 넘치고 바다가 소리를 지르며 손을 높이 들었나이다 날아가는 주의 화살의 빛과 번쩍이는 주의 창의 광채로 말미암아 해와 달이 그 처소에 멈추었나이다 주께서 노를 발하사 땅을 두르셨으며 분을 내사 여러 나라를 밟으셨나이다 주께서 주의 백성을 구원하시려고, 기름 부음 받은 자를 구원하시려고 나오사 악인의 집의 머리를 치시며 그 기초를 바닥까지 드러내셨나이다 (셀라) 그들이 회오리바람처럼 이르러 나를 흩으려

하며 가만히 가난한 자 삼키기를 즐거워하나 오직 주께서 그들의 전사의 머리를 그들의 창으로 찌르셨나이다 주께서 말을 타시고 바다 곧 큰 물의 파도를 밟으셨나이다 내가 들었으므로 내 창자가 흔들렸고 그 목소리로 말미암아 내 입술이 떨렸도다 무리가 우리를 치러 올라오는 환난 날을 내가 기다리므로 썩이는 것이 내 뼈에 들어왔으며 내 몸은 내 처소에서 떨리는도다 … 주 여호와는 나의 힘이시라 나의 발을 사슴과 같게 하사 나를 나의 높은 곳으로 다니게 하시리로다 이 노래는 지휘하는 사람을 위하여 내 수금에 맞춘 것이니라

와우! 이날이 올 것이다! 여호와께서 응답하시는 날! 여호와께서 원수를 향해 활을 쏘시며 창을 드시는 날! 여호와의 병거가 원수를 쓸어버리는 날! 이날이 속히, 반드시 올 것이다. 하나님께서는 당신의 백성을 결코 잊지 않으신다. 그날에 우리는 춤추고 노래하며, 높은 곳을 다니게 될 것이다.

4. 올바른 방향이 중요하다

넷째, 영적인 전쟁에는 방향이 중요하다. 싸우기를 향방 없이 하지 말라고 하셨다. 정확한 포인트를 잡고 싸워야 한다.

[고전 9:26] 그러므로 나는 달음질하기를 향방 없는 것 같이 아니하고 싸우기를 허공을 치는 것 같이 아니하며

시대에 대한 정확한 이해가 필요하다. 거짓과 진리를 분별할 수 있어야 하고, 성경적 가치가 무엇이며, 시대의 미혹이 무엇인지 알아야 한다. 이 지식을 가지고 구체적으로 기도하라. 대충 "하나님이 알아서 하십시오!"라는 기도가 아니라, 구체적인 기도가 필요하다.

5. 안다고 생각하는 선입관을 내려놓으라

다섯째, 안다고 생각하는 선입관을 내려놓으라. 내가 안다고 생각하는 근거가 무엇인가? 내 지식의 출처는 믿을 만한 것인가? 스스로에게 묻고 깊이 생각하라.

(1) 성경

첫 번째 기준은 '성경'이다. 중고등학교 교과서는 에른스트 헤켈(Ernst Haeckel)의 발생반복설을 가르친다. "개체발생은 계통발생을 되풀이한다"는 것이다. 그런데 이것이 이미 조작된 실험으로 밝혀졌다는 것을 아는가? "그래요? 그런데 왜 나는 모르고 있지요?" 왜 모르느냐면 찾아보지 않았기 때문이다.

안다고 생각하는 교만을 조심하라. 우리에게 변하지 않는 절대기준은 오직 성경뿐이다. 우리의 모든 선입견과 선지식을 테이블 위에 올려놓으라. 그리고 성경의 빛 아래, 성령의 조명 아래, 하나둘씩 살펴보고 해체해보라. '이 생각은 어디서부터 왔는가?', '이 생각의 기원은 어디인가?' 하고 묻고 살펴야 한다.

많은 경우 '죄'에 대한 인식 부족, 성경에 대한 무지, 분노, 자신의 '의' 등과 같은 불순물에 의해 우리 생각은 오염되고 왜곡되어 있다.

(2) 역사

두 번째 기준은 '역사'다. 역사는 기본적으로 하나님의 작품이며 한 사람이 아닌 많은 사람이 짧은 기간이 아니라 오랜 시간 참여한 결과이기 때문이다. 인간이 가지고 있는 검증 수단 중에 그나마 가장 신뢰할 만한 것이 역사다. 정확하고 성경적인 역사의식이 필요하다.

그런데 문제는 이 시대가 역사마저도 필요에 따라 '재구성'하는 시대라는 것이다. 포스트모더니즘의 역사관은 현재의 필요에 따라 역사를 재구성해도 괜찮다고 믿는다. 실제 역사에 무슨 일이 있었는지와 같은 팩트는 무시된다. 역사적 사건의 의미 역시 그것을 다루는 사람의 의도와 필요에 의해 재구성된다. 우리는 역사의 역할마저 점점 힘을 잃어가는 위험한 시대를 살고 있다.

역사교육은 사람들의 세계관과 가치에 큰 영향을 미친다. 그러나 당신이 가지고 있는 역사관에 너무 매몰되지는 말라. 재구성되고 왜곡된 역사일 수 있다. 이 역시 성경의 기준과 성령의 조명하심 아래 다시 해석되어야 한다.

(3) 교회

세 번째 기준은 '교회'다. 왜냐하면 교회는 그리스도의 몸이기 때문이다. 기독교 역사를 살펴보면 "교회는 결코 무너지지 않았다"는 사실을 발견하게 된다. 위기 속에서도 교회는 결코 무너지지 않았다. 하나님께서 항상 교회 편에 서셨기 때문이다. 교회사를 살펴보면 정말 말도 안 되는 부패가 교회 안에 가득했던 것을 발견할 수 있다. 그러나 놀라운 것은 하나님께서 이런 교회를 버리지 않으셨다는 것이다. 고쳐서 사용하시고 버리지 않으신다.

이것이 나에게 충격이었다. 그래서 나는 항상 교회의 편에 선다. 하나님이 그편에 계시기 때문이다. 교회가 타락했다고? 그러면 회개하게 하고 고쳐야지, 교회가 타락했다고 교회를 대적하는 편에 설 수는 없다. 아무리 부족하고 나쁜 가족이라도, 그 가족을 죽이겠다는 강도 편에 서는 사람은 없지 않은가? 교회 편에 서는 것, 이것이 우리의 기준이다.

미혹의 궁극적인 목적은 우리로 하여금 하나님을 대적하는 편에 서게 하는 것이다. 스스로도 모르는 사이에 말이다. 하나님이 사랑하시는 몸 된 교회와 끝까지 함께 가라. 그것이 당신의 마음과 생각을 지켜줄 것이다.

함께 생각해볼 질문들

이 질문들은 스스로 생각을 정리해보고, 소그룹으로 토론하는 데 도움을 주기 위해 만들어졌다. 소그룹 토론을 위해 사용한다면, 모든 질문을 다 소화하려고 하기보다는, 필요한 질문들을 몇 가지 뽑아서 나눠보기를 권한다.

⋮

1 다음 말씀을 묵상하며, 지금까지 읽은 내용을 다시 한번 돌아보자. 특별히 깊게 다가온 내용은 무엇이었나? 특별히 흘러 떠내려가지 않도록 유념해야 할 것은 무엇인가? 기도하며 돌아보는 시간을 갖자.

> [히 2:1] 그러므로 우리는 들은 것에 더욱 유념함으로 우리가 흘러 떠내려가지 않도록 함이 마땅하니라

2 지금과 같은 '미혹의 시대'에 우리가 싸워야 할 싸움은 어떤 것들이 있을까? 이는 성령께 전적으로 의지하며 끝까지 가는 '기도의 싸움', 미혹을 이기는 '진리의 싸움', 시대를 정확하게 이해하는 '분별력의 싸움', 스스로 안다고 생각하는 '선입관을 넘어서는 싸움' 등으로 정리될 수 있을 것이다. 당신의 생각을 나눠보라.

3 시대에 대한 정확한 이해를 바탕으로 올바른 방향을 잡아 기도하는

것이 무엇보다 중요하다. 싸우기를 향방 없이 하지 말라고 하셨다. 그리고 반드시 응하실 하나님의 응답과 심판을 기다리며 꾸준히, 끝까지 기도하는 사람이 필요하다. 다음 두 말씀을 붙잡고, 나를 위해, 교회를 위해, 나라와 민족을 위해, 이 시대를 위해 기도하자.

[고전 9:26] 그러므로 나는 달음질하기를 향방 없는 것 같이 아니하고 싸우기를 허공을 치는 것 같이 아니하며

[합 2:3] 이 묵시는 정한 때가 있나니 그 종말이 속히 이르겠고 결코 거짓되지 아니하리라 비록 더딜지라도 기다리라 지체되지 않고 반드시 응하리라

4 당신은 평소 진리의 근거가 무엇이라고 생각해왔는가? 본문에서는 성경, 역사, 교회, 이 세 가지 기준으로 집약하고 있다. 이 책을 읽기 전후로 '진리의 기준'에 대해 변화된 것이 있다면 나눠보자. 특히 교회가 진리를 제시해주는 기준이 되어야 한다는 것은 무슨 의미일까? 역사를 돌아보면, 교회 안에 많은 부패가 있었음에도 하나님께서는 그런 교회를 버리지 않으시고, 고치고 회복하셨다. 교회는 그리스도의 몸이기 때문이다. '미혹의 시대'에 교회는 올바로 행해야 하며, 진리의 목소리를 내야 한다. 당신은 교회 편에 서 있는가?

5 이 책을 읽으면서 새롭게 깨닫고 느낀 점을 자유롭게 나눠보자. 구체적으로 당신의 생각과 삶에 어떤 변화를 주었는가?

떠내려가지 마라

초판 1쇄 발행 2025년 3월 31일

지은이 고성준

펴낸이 여진구
책임편집 안수경 김도연 박소영
편집 이영주 최현수 구주은 김아진 정아혜
책임디자인 노지현 마영애 | 조은혜 정은혜
홍보 · 외서 진효지
마케팅 김상순 강성민
마케팅지원 최영배 정나영
제작 조영석 허병용
경영지원 김혜경 김경희

303비전성경암송학교 유니게 과정
이슬비전도학교 / 303비전성경암송학교 / 303비전꿈나무장학회

펴낸곳 규장

주소 06770 서울시 서초구 매헌로 16길 20(양재2동) 규장선교센터
전화 02)578-0003 팩스 02)578-7332
이메일 kyujang0691@gmail.com
홈페이지 www.kyujang.com
페이스북 facebook.com/kyujangbook
인스타그램 instagram.com/kyujang_com
카카오스토리 story.kakao.com/kyujangbook
등록일 1978.8.14. 제1-22

책값 뒤표지에 있습니다.
ISBN 979-11-6504-604-0 03230

규 | 장 | 수 | 칙

1. 기도로 기획하고 기도로 제작한다.
2. 오직 그리스도의 성품을 사모하는 독자가 원하고 필요로 하는 책만을 출판한다.
3. 한 활자 한 문장에 온 정성을 쏟는다.
4. 성실과 정확을 생명으로 삼고 일한다.
5. 긍정적이며 적극적인 신앙과 신행일치에의 안내자의 사명을 다한다.
6. 충고와 조언을 항상 감사로 경청한다.
7. 지상목표는 문서선교에 있다.

하나님을 사랑하는 자 곧 그의 뜻대로 부르심을 입은 자들에게는 모든 것이 合力하여 善을 이루느니라(롬 8:28)

규장은 문서를 통해 복음전파와 신앙교육에 주력하는 국제적 출판사들의 협의체인 복음주의출판협회(E.C.P.A:Evangelical Christian Publishers Association)의 출판정신에 동참하는 회원(Associate Member)입니다.